In liebevollem Gedenken an

meinen Vater Callixte Kabarari,
meine Mutter Genevieve Mugorewabera,
meine Schwester Jeanette Uwamahoro,
meinen Bruder Phocas Baganizi und
alle anderen Unschuldigen die im Völkermord gegen die Tutsi
1994 in Ruanda ermordet wurden.

Dieses Buch ist gewidmet

meinen Brüdern und
meiner Tante,
die überlebt haben und
meinen Kindern.

EIN ZERBROCHENES LEBEN

AUF DER SUCHE NACH DEN VERLORENEN ELTERN
UND DEM VERLORENEN GLÜCK

JUDENCE KAYITESI
EINE ÜBERLEBENDE DES
VÖLKERMORDES AN DEN TUTSI 1994 IN RUANDA

Inhaltsverzeichnis

Vorwort

Dies ist die Geschichte von Judence Kayitesi. Sie kommt aus Ruanda. Sie ist eine Tutsi. Um verstehen zu können, was 1994 dort passierte und was als „Völkermord an den Tutsi 1994 in Ruanda" in die Geschichte eingegangen ist, muss man die Geschichte dieses Landes und seiner Menschen kennen.

Ruanda ist ein sehr kleines afrikanisches Land, gelegen in der Mitte Afrikas, kurz unterhalb des Äquators. Flächenmäßig ist es kleiner als Baden-Württemberg. Mit knapp dreizehn Millionen Einwohnern leben dort nur wenig mehr Menschen als in diesem Bundesland. Trotzdem ist Ruanda einer der am dichtesten bevölkerten Staaten Afrikas.

Seit etwas dem 15. Jahrhundert bis zum Ende des 19. Jahrhunderts was Ruanda eine Monarchie. Sie wurde gegründet durch das viehzüchtende Volk der Tutsi, die auch die herrschende Klasse, so etwas wie den Adel, stellten. Einem lokalen Herrscher war es gelungen, mehrere seiner Nachbarn zu unterwerfen. Das Königreich Banyarwanda, oder Königreich Ruanda, umfasste damals weitaus mehr als die Fläche der heutigen Republik Ruanda.

Über 80 Prozent also die überwiegende Mehrheit der Bevölkerung, waren Angehörige des ackerbautreibenden Volkes der Hutu. Obwohl einige Hutu unter dem Adel anzutreffen waren, bildeten die Tutsi die Oberschicht des Landes. Zwar fand eine Vermischung der Volksgruppen statt, aber die Hutu blieben zumeist arme Bauern. Ein Hutu, der eine gewisse Anzahl Rinder besaß, konnte in die Gruppe der Tutsi aufgenommen werden. Im Allgemeinen waren die Könige, die Mwami, Angehörige der Tutsi.

Ursprünglich besaßen die Tutsi die militärische Macht, während den Hutu übernatürliche Kräfte zugeschrieben wurden. Aufgrund dieser Eigenschaft bestand der Beratungsstab, der Abiiru des Mwami ausschließlich aus Hutu und übte großen Einfluss aus. Dies war ein funktionierendes und einigermaßen gerechtes System, das das Leben zwischen Hutu und Tutsi regelte. In der Mitte des 18. Jahrhunderts jedoch verlor der Abiiru zunehmend an Bedeutung.

Als die Tutsi-Könige ihre Macht und Autorität zentralisierten, ernannten sie Häuptlinge und verteilten Land nach Gutdünken an Personen, meist an Tutsi. Sie versäumten damit die Möglichkeit, eine gerechtere Verteilung des Landes vorzunehmen, denn es gab viele erbliche Häuptlinge, die Hutu waren und davon profitiert hätten.

Die Umverteilung des Landes geschah zwischen 1860 und 1895 auf Erlass von Mwami Rwabugiri und führte zu einem Herrschaftssystem, bei dem die Hutu den Tutsi-Häuptlingen Arbeitsdienste leisten mussten. Dieses System brachte den Hutu erstmals den Status von Leibeigenen ein. Die Tutsi-Häuptlinge waren so etwas wie ihre feudalen Grundherren.

Unter Mwami Rwabugiri wurde Ruanda ein expansionistischer Staat. Alle neu eroberten Völker wurden von nun an offiziell als Hutu klassifiziert. Der Staat machte sich nicht die Mühe, die ethnischen Identitäten der Volksgruppen wahrzunehmen oder gar anzuerkennen. Der Begriff Hutu wurde dadurch zu einem Begriff, der gleichzeitig die Unterwerfung beinhaltete. Die Hutu waren sozial und politisch entrechtet.

Die Bezeichnung Hutu und Tutsi waren aber trotzdem über all die Jahrzehnte sozioökonomischer und nicht ethnischer Natur. Man konnte das Kwihutura oder das Hututum „loswerden", indem man innerhalb der sozialen Hierarchie aufstieg und Reichtum anhäufte.

Ende des 19. Jahrhunderts geriet das Königreich Ruanda in den Einflussbereich europäischer Mächte. Mit dem „Wettlauf um Afrika", der „Kolonialisierung des afrikanischen Kontinentes in der Hochphase des Imperialismus zwischen 1880 und dem Ersten Weltkrieg", setzte schrittweise etwa um 1897 eine indirekte Kolonialherrschaft Deutschlands als Teil Deutsch-Ostafrikas ein.

Während des 1. Weltkrieges und nach militärischen Auseinandersetzungen stand Ruanda ab 1920 unter belgischer Verwaltung im Auftrag des Völkerbundes. Sowohl die Deutschen wie auch die Belgier nutzten die vor Ort bestehenden Machtstrukturen. Zunächst stützten sie sich auf den Einfluss der Tutsi und räumten diesen Sonderprivilegien ein. Als das auf Dauer problematisch wurde, bevorzugte man die Hutu. Damit wurde die Abneigung zwischen Hutu und Tutsi immer weiter angestachelt.

Die Bezeichnung Hutu oder Tutsi musste damals in den Pass eingetragen werden.

Im Jahre 1961 fand ein Volksentscheid statt, bei dem die Wähler mit großer Mehrheit gegen den König stimmten und sich für die Umwandlung Ruandas in eine Republik entschieden. Nach der Unabhängigkeit am 1. Juli 1962 gab es eine erste (1962 - 1973) und dann eine zweite Republik (1973 - 1994).

Vor allem zur Zeit der ersten Republik war es in Ruanda zu schweren Auseinandersetzungen zwischen Hutu und Tutsi gekommen. Schon damals gab es Massaker an den Tutsi. Vorwiegend Männer wurden damals getötet. Frauen und Kinder hat man meistens, nicht immer, verschont. Daraufhin kam es zu Vertreibungen und Fluchtbewegungen von Tutsi. Eine große Anzahl von ihnen war danach an der Rückkehr nach Ruanda gehindert und lebte jahrzehntelang in den Nachbarländern Uganda, Burundi, Tansania und der Demokratischen Republik Kongo, zum

Teil auch in Kenia. Dort wurde die Ruandische Patriotische Front (RPF) gegründet.

Zugespitzt hat sich die Lage in den frühen 1990er Jahren. Am 1. Oktober 1990 griff die RPF, in der Exil-Ruander aus Uganda stark vertreten waren, das Land an, um militärisch die Rückkehr der Flüchtlinge zu erzwingen. Sie besetzten Teile des Nordens des Landes (in Byumba und Mutara). International vermittelte Verhandlungen führten zunächst zu einem Waffenstillstand im Juli 1992. Nach dem „Friedensvertrag von Arusha" im Januar 1993 kam es aber mehr oder weniger zu einer politischen Blockade der Umsetzung der Vereinbarung des Friedensvertrags. Radikale Kräfte waren nicht zur Kooperation mit dem Gegner in Regierung, Parlament und Armee bereit.

Anfang der 1990er Jahre fing die Hutu-Regierung an, die Massaker und damit den Genozid vorzubereiten. Die Propaganda verbreitete, dass alle Tutsi Kakerlaken seien und ausgerottet gehören. Beinahe täglich liefen Hasssendungen im Radio. Und es wurden junge Leute zum Töten ausgebildet. Es wurde ihnen erklärt, wie sie mit den Macheten zuschlagen müssen, um jemanden lebensgefährlich zu verletzen.

Der Genozid mit abscheulichen Massakern erstreckte sich auf die gesamte Fläche Ruandas. Es passierte in jedem Dorf und in jeder Stadt. Beinahe 1 Million Menschen kamen ums Leben. Die Hutu besaßen Listen mit den Namen aller Tutsi. Sie waren gut informiert und wussten über jeden Tutsi Bescheid. Sie hatten auf den Listen sogar notiert, wo sich jemand verstecken könnte.

An den Massakern haben sich alle möglichen Menschen beteiligt: Junge Männer, ältere Männer, teilweise sogar erst 11- oder 12-jährige Kinder. Auch Frauen haben getötet.

Ende Juli 1994, nach etwa 100 Tagen, war der Völkermord offiziell zu Ende. Es dauerte aber an den verschiedenen Orten unterschiedlich lang, je nachdem, wann die Rebellen der RPF die Gebiete eroberten.

1994 war Judence elf Jahre alt. Sie hat damals schreckliche Dinge erlebt. Es sind Erlebnisse, die wir uns in unserem Leben nicht vorstellen können. Und doch sind sie geschehen und sie hat es überlebt.

Lange konnte sie über ihr Leben und ihre Vergangenheit nicht berichten. Erst jetzt gelingt es ihr mehr und mehr, sich ihrer Vergangenheit zu stellen.

Das ist für sie nicht leicht, kostet sie viel Kraft und vor allem unendlich viel Mut. Ihr hilft es aber, mit ihrem Leben besser zurechtzukommen. Und wir müssen sie anhören, denn von Menschen wie Judence und ihren Geschichten können und müssen wir eine Menge lernen.

Claudia Puszkar ist Journalistin und hat die Geschichte von Judence Kayitesi aufgeschrieben.

Meine Kindheit

M ein Name ist Judence Kayitesi und ich bin eine Tutsi. Ich stamme aus dem Dorf Museke in Ruanda. Es gehört zur Gemeinde Cyuga in der Kommune Rutongo und ist etwa 40 Kilometer von Kigali, der Hauptstadt des Landes, entfernt. Nach dem Völkermord wurden viele Ortsnamen geändert. Rutongo heißt heute Gazabo, Cyuga nennt man jetzt Jali.

Museke ist ein ganz kleines Dorf. Ich weiß nicht, wie viele Menschen dort lebten oder heute leben, viele sind es nicht. Damals, Anfang der 90er Jahre, hatten wir im Dorf keinen Strom und auch kein fließendes Wasser im Haus. Wasser mussten wir aus dem Brunnen holen. Für uns war dies jedoch ganz normal.

Die Leute gingen früh schlafen, wir hatten immer frisches Gemüse und sehr gesundes Essen. Im ganzen Dorf gab es kein Telefon, doch man brauchte es auch nicht. Wir kannten es nicht anders und haben nichts vermisst.

Der Bruder und eine Schwester meines Vaters. Dies ist eines der wenigen Fotos, die von der Familie meines Vaters existieren.

Meine Familie lebte in Museke, also die Familie meines Vaters. Alle waren sehr lange dort ansässig. Schon meine Urgroßeltern hatten in diesem Dorf gelebt.

Meine Großeltern wohnten gleich neben uns. Mein Vater hieß Calixte Kabarari. Er wurde 1953 geboren und war in seiner Familie der älteste unter den Geschwistern. Es waren insgesamt fünf Kinder, zwei Jungen und drei Mädchen. Mein Vater und sein Bruder waren Nachbarn. Alle sind während der Zeit des Völkermords umgekommen.

Meine Mutter hieß Genevieve Mugorewabera. Sie stammte aus einem anderen Dorf der Region Rutongo, aus Kabuye. Als Kind, ich war vielleicht neun Jahre alt, konnte ich allein dorthin laufen. Es muss also sehr nah gewesen sein. Eine andere Möglichkeit als hinzulaufen, gab es damals für uns nicht.

Meine Mutter Genevieve Mugorewabera. Es gibt nur noch dieses eine Foto.

Meine Mutter ist 1954 geboren. Sie hatte viele Geschwister. Mulinda Jean Claude hieß der älteste Bruder und Mugorewindinda Godberthe die älteste Schwester. Diese Beiden hatten eine andere Mutter als meine Mutter. Ihre Mutter war gestorben und so hatte mein Großvater meine Großmutter geheiratet. Das erfuhr ich erst nach dem Völkermord. Ich hatte mich immer gewundert, warum die Geschwister sich nicht ähnlich sahen. Meine Mutter beispielsweise hatte eine viel dunklere Haut.

Mein ältester Onkel Mulinda Jean Claude ist schon vor dem Völkermord gestorben. Er war krank, hatte Probleme mit seinem Magen. Er hinterließ seine junge Frau und drei Kinder.

Meine Großmutter bekam folgende Kinder: Mugorewintore Genereuse war die erste, dann kam meine Mutter Mugorewabera Genevieve (Mugore bedeutet: Frau; Wabera bedeutet: weiße Person). Als nächstes wurde der Bruder Niyibizi Innocent, dann die Schwester Ukwishaka Marie Gorethe und als letzter der Bruder Niyonzima Vincent geboren. Mein Onkel Innocent hat nach dem Tod von Claude dessen Frau geheiratet. Die beiden haben sich ineinander verliebt und kamen zusammen.

Meine Großeltern mütterlicherseits (in der vorderen Reihe sitzend) und Angehörige der Familie: das Mädchen vorn links, Musanabwiza Marie Louise, hat überlebt. Rechts neben ihr steht Mazuru. Die drei Kinder links (Ngunzo Deogratias) und rechts (Nyirahabim Helena) neben meinem Großvater und rechts dahinter (Denise Umutoni) sind die Kinder von meinem Onkel Innocent und seiner Frau (hintere Reihe links mit dem Baby auf dem Arm). Der Mann rechts neben ihr ist mein Onkel Innocent, ihr zweiter Mann.

Mein Onkel Mulinda Claude und seine Frau, die später meinen Onkel Innocent heiratete.

Ich kann mich erinnern, dass, als ich noch klein war, darüber geredet wurde. Innocent bekam mit ihr noch einmal zwei Kinder. Alle Kinder starben während des Völkermordes, nur die älteste Tochter von Claude überlebte.

In Ruanda bekamen die Töchter kein Land von den Eltern geschenkt, denn man ging davon aus, dass sie nach der Hochzeit zur Familie ihres Mannes zogen. Das war damals in Ruanda üblich. Wenn eine Familie beispielsweise einen Hof hatte, dann bekamen die Söhne jeweils einen Teil des Landes, konnten von den Erträgen leben und sich dort ein Haus bauen. Und das konnten sie sich bauen, wo sie wollten. Entweder in die Nähe ihrer Eltern oder auch weiter weg. Es war eine patriarchalische Gesellschaft. Aber dieses Gesetz wurde nach dem Genozid geändert. Auch Töchter erben heute genauso viel wie Söhne vom elterlichen Vermögen.

Unser Haus war ganz nahe am Haus meiner Großeltern. Wir verstanden uns alle sehr gut. Auch das Haus meines Onkels stand beinahe direkt nebendran. Mein Onkel war noch nicht verheiratet, er hatte eine Verlobte. Beide sind während des Völkermordes umgekommen.

Meine Eltern haben 1978 geheiratet. Ich war nicht das erste Kind meiner Eltern. Vor mir erwarteten sie schon ein Kind. Im sechsten Monat erlitt meine Mutter jedoch eine Fehlgeburt. Es wäre ein Mädchen gewesen. Meine Eltern waren sehr traurig.

Ich wurde dann als nächstes 1983 geboren und meine Eltern waren sehr glücklich darüber. Sie gaben mir den Namen Judence Kayitesi. In Ruanda hat jeder Name eine Bedeutung. Kayitesi heißt so viel wie: Lass dich verwöhnen. Damit drückten meine Eltern ihre große Freude über meine Geburt aus. Sie gaben damit das Versprechen, sich um mich liebevoll zu kümmern.

Mein Bruder Valens Kabarari wurde 1985 geboren. 1987 kam Phocas Baganizi und 1989 Jeanette Uwaramaharo. Diese beiden Letzten starben während des Völkermordes gemeinsam mit meinen Eltern. Mein kleiner Bruder Didas Kanamugire wurde 1993 geboren. Er hat als Baby überlebt.

Mein Vater kümmerte sich um die Landwirtschaft und den Bau unseres Hauses. Nach seiner Magenoperation hatte er aufgehört, in einer Elektrizitätsgesellschaft zu arbeiten und konzentrierte sich darauf, Bauer zu sein. Meine Mutter blieb zu Hause und half meinem Vater. Ich habe ihm auch geholfen. Wir brauchten kaum Geld, wir hatten alles, was wir benötigten und immer genügend zu essen. Meine Eltern kauften nur Zucker, Reis und Dinge, die der Hof nicht hergab. Gemüse wurde nie gekauft. Wir hatten Bananen, Kartoffeln und Bohnen, außerdem Papaya, Avocado, Ananas und viele Früchte mehr.

Im Dorf gab es ein paar ganz kleine Läden, in denen Dinge verkauft wurden, die man unbedingt zum Leben brauchte. Spielzeug gab es natürlich keines. Wir bastelten uns selbst etwas, womit wir spielen konnten. Später in Europa habe ich kleine Kreisel gesehen, die die Kinder im Laden gekauft hatten. So etwas haben wir uns selbst gebaut, aus einem kleinen Stück Holz und einem Strick.

Immer am Freitag war Markttag. Da kamen viele Händler und boten ihre Waren an. Da gab es dann auch Kleidung oder andere nützliche Dinge. Wenn man aber beispielsweise Fleisch wollte, musste man es vorbestellen. Dafür wurde extra geschlachtet.

Ich kann mich noch gut an unser Haus erinnern. Wir besaßen einen Bauernhof, den, wie es überliefert wurde, meine Familie aufgrund von weitläufiger Verwandtschaft ursprünglich vom König bekommen hatte. Der Bauernhof und das dazugehörige Land gehörten uns. Der Bauernhof war groß genug, um ausreichend Früchte anzubauen und auch Platz für Wohnbauten zu haben. Meine

Großeltern hatten ihr eigenes Haus, wir unseres und auch der Bruder meines Vaters besaß sein Haus. Unser Haus hatte mehrere Räume. In einem schliefen wir Mädchen, im anderen die Jungen. Natürlich hatten auch die Eltern ihr eigenes Schlafzimmer. Daneben gab es verschiedene Lagerräume, wir hatten ausreichend Platz. Gewöhnlich hatten die Häuser in Ruanda nur ein Stockwerk. Auf dem Land waren mehrstöckige Häuser nicht üblich.

Aufgrund seiner gesundheitlichen Probleme konnte mein Vater nicht alle Arbeiten allein machen. Einige Leute kamen und arbeiteten für ihn. Wir haben Bananen, Kartoffeln und Bohnen angebaut. Mein Vater bezahlte die Hilfe der anderen mit Bohnen und manchmal mit Getränken, aber nicht mit Geld. Ich arbeitete gerne mit meinem Vater zusammen. Zu Hause gab es immer etwas zu tun.

Wir lebten größtenteils davon, was wir mit anderen tauschten. Manche Leute im Dorf wollten gern viel Geld haben. Doch meine Eltern wollten nicht viel Geld verdienen, sie wollten auch nicht verkaufen, um große Gewinne zu machen. Wenn wir von etwas zu viel hatten, schickten wir es den Verwandten in die Stadt und die gaben uns etwas dafür.

Mein Vater wollte, dass wir eine gute Ausbildung absolvierten. Er hielt uns dazu an, die Bibel zu studieren. Meine Eltern waren Zeugen Jehovas, und so war unser Haus immer voller Liebe.

Mein Vater war ein gläubiger Mensch. Und es war für ihn ganz normal, anderen zu helfen. Wenn es bei uns Essen gab, kamen andere hinzu und aßen mit uns, vor allem viele Kinder aus der Nachbarschaft. In den afrikanischen Dörfern gibt es immer auch sehr arme Menschen. Wir waren weder arm noch reich, aber mein Vater hat immer dafür gesorgt, dass auch andere etwas abbekamen. Denn wir hatten genug für uns. Mein Vater hat immer dafür gesorgt, dass wir alles hatten, was wir brauchten. Wir hatten ein gutes Leben.

Wir hielten Hühner und Hasen auf dem Hof. Dadurch gab es immer genügend zu essen. Auch die Eier waren ein wichtiges Nahrungsmittel. Aber wir konnten es uns auch leisten, Rindfleisch auf dem Markt zu kaufen. Immer, wenn wir Fleisch gekauft hatten und meine Mutter kochte, kamen die Nachbarskinder zu uns zum Essen. Wir Kinder freuten uns, denn so war bei uns immer viel los. Nur meine Mutter beschwerte sich, warum immer so viele zu uns kamen. Doch mein Vater sagte zu ihr: „Das ist doch kein Problem, wir geben gern."

Manchmal sagte meine Mutter zu ihm: „Warum gibst du anderen Leuten immer so viel?" Und dann sagte mein Vater: „Aber wir haben doch genug, mehr brauchen wir nicht, dann können wir auch anderen davon abgeben."

Unsere Erziehung war streng, aber gerecht. Bei uns war es ganz normal, Kinder zu schlagen, wenn sie etwas nicht richtig gemacht hatten oder sich ungezogen verhielten. Als Erziehungsmittel waren Schläge vollkommen selbstverständlich. Doch mein Vater war ein Mensch, der mit uns Kindern redete, um uns zu erziehen. Er fragte uns immer, was passiert war, wie etwas gekommen ist und wollte es mit uns klären.

Meine Mutter hatte nicht diese Geduld. Wenn wir etwas falsch gemacht hatten, gab es, wie bei anderen auch üblich, eine Ohrfeige. Da hat sie nicht lang überlegt. Aber sie war trotzdem eine sehr liebevolle Mutter.

Mein Vater hat gern geschrieben, kleine Geschichten und Gedichte, einfach etwas, was ihm einfiel. Mein Bruder hat das wohl von ihm geerbt. Es waren keine bedeutenden Geschichten und ich kann mich leider an keine davon mehr erinnern. Aber es war schön, sie anzuhören. Und mein Vater liebte es, Gitarre zu spielen. Manchmal, am Abend, saßen wir zusammen und er spielte und sang für uns, besonders gern für meine Mutter. Ich erinnere mich noch an einen

Tag, an dem er einen selbst komponierten Song spielte. Worum es in diesem Lied oder in den Geschichten ging, kann ich leider nicht mehr sagen. Ich war damals noch ein Kind und interessierte mich für andere Dinge. Ich weiß aber noch, dass er solche kleinen Lieder auch für andere schrieb. Es machte ihm einfach Freude.

An meine Großeltern kann ich mich nur noch wenig erinnern. Wenn ich lange nachdenke, weiß ich noch, wie sie aussahen. Ich habe leider kein einziges Foto von ihnen. Alles ist vernichtet worden, als die Häuser brannten. Manchmal zerstörten sie auch Gegenstände und Fotos der Tutsi, um jede Spur der Tutsi zu beseitigen. Alle Spuren der Familie meines Vaters wurden ausgelöscht. Heute habe ich nur noch ein Foto meiner Mutter und einige Fotos ihrer Geschwister. Meine Tante, die überlebte und bei der ich aufgewachsen bin, hat sie gerettet.

In unserem kleinen Dorf lebten Hutu und Tutsi. Hutu waren in der Mehrzahl. Alle lebten weitestgehend friedlich zusammen, sie haben sich auch mal gegenseitig eingeladen und etwas zusammen getrunken. Das war ganz normal. Man lebte halt gemeinsam in einem Dorf und versuchte, so gut es ging, miteinander auszukommen. Es gab auch Ehen zwischen Hutu und Tutsi. Die Schwester meines Vaters beispielsweise war mit einem Hutu verheiratet. Für sie wurde dies zum Verhängnis. Denn ihr Mann hat sie getötet, weil sie eine Tutsi war. Als der Völkermord losging, zwang er sie, mit ihr in den Garten zu kommen und ein Grab zu schaufeln. Sie wusste nicht, wofür. Dann tötete er sie und warf sie hinein.

Jahre später kam dieser Mann einmal zu mir. Ich war gerade in der High-School im Internat und der Direktor rief mich zu sich. Der Mann schien verrückt geworden zu sein, sprach nur wirres Zeug und zeigte körperliche Leiden. Ich konnte nicht verstehen, was er von mir wollte, doch ich wollte ihn auch nicht verstehen. Ich sagte zu ihm: „Komm nie wieder hierher! Ich möchte nichts mit dir zu tun haben!" Diese Begegnung war einfach nur seltsam und fremd für mich.

Bevor ich in die Schule kam, hatte ich noch nichts vom Unterschied zwischen Hutu und Tutsi gehört. In anderen Familien war das sicher ein Thema. Da hatten die Eltern den Kindern wahrscheinlich schon etwas davon erzählt. Meine Eltern als Zeugen Jehova waren sehr christlich. Sie haben uns Kindern beigebracht, dass alle Menschen gleich sind und es keine Unterschiede gibt. Und so wusste ich wirklich nichts. Mir war noch nicht einmal bewusst, dass ich eine Tutsi bin.

Meine Schulzeit

Erst als ich in die Schule ging, fing ich an, etwas über Tutsi und Hutu zu erfahren. Die Schule befand sich nicht in meinem Dorf, sondern in einem anderen, etwas größeren Ort, nicht weit entfernt. Als ich in der ersten und zweiten Klasse war, war unser Lehrer ein Tutsi und er beschützte mich.

Als ich neun Jahre alt war und in die dritte Klasse kam, verlangte unser Lehrer, dass alle Tutsi aufzustehen haben. Ich wusste erst gar nicht, ob ich aufstehen muss. Einer deutete auf mich und sagte: „Du!"

Ich war die Einzige, die stand und ich erinnere mich, dass ich mich einsam fühlte. Ich verstand nicht, warum ich aufstehen musste. Ich war verwirrt. Alle anderen Kinder sahen mich an. Ich fühlte mich klein und verlor alles Selbstvertrauen. Ich dachte: "Warum muss ich aufstehen? Warum bin ich anders als alle anderen Kinder?" Mein Bruder, der nach mir geboren ist, hat ähnliche Erfahrungen in der Schule gemacht.

Wenn ich nach Hause kam, vergaß ich normalerweise sofort, was in der Schule passiert war. Ich fühlte mich zu Hause wohl und dachte nicht mehr an die Schule. Aber als ich am nächsten Morgen aufwachte, kam mir sofort der Gedanke: "Oh, ich will nicht wieder zur Schule gehen". Aber mein Vater war schon nicht mehr da und meine Mutter sagte zu mir: "Du musst zur Schule ".

Eines Tages fragte ich meinen Vater, warum die Menschen sich so verhalten und warum sie schlechte Dinge über die Tutsi sagen. Bis zu diesem Tag dachte ich, Tutsi zu sein, ist etwas, das jemand wählt, und ich dachte, es wäre dumm, sich dafür zu entscheiden. Aber mein Vater sagte: "Du hast nicht beschlossen, ein Tutsi zu sein. Du wurdest so geboren und bist einer." Er sagte mir auch: "Ich wurde auch als Tutsi geboren. Du musst deinen Großvater danach fragen." Das war nicht die Erklärung, die ich haben wollte. Er klang traurig und er tat mir leid.

Doch mein Vater sagte mir auch immer wieder: "Gott hat alle Menschen gleich erschaffen." In der Glaubensgemeinschaft, bei den Zeugen Jehovas, gab es sowohl Tutsi wie auch Hutu. Dort lebte man in einer anderen Welt. Da spielte es keine Rolle, ob man Tutsi oder Hutu war. Während des Völkermordes haben viele Zeugen Jehova, die Hutu waren, den Zeugen Jehova, die Tutsi waren, geholfen.

Von der ersten Klasse an war ich immer sehr gut in der Schule. Mir machte das Lernen Spaß und ich ging gern in die Schule.

Als ich in der vierten Klasse war, hatte unser Lehrer mich ständig im Visier. Bei jedem Fehler schlug er mich sehr. Wenn andere Kinder einen Fehler machten, sagte er ihnen, sie sollten es noch einmal versuchen. Das sagte er bei mir nie. Als ich von unserem Lehrer wieder einmal geschlagen wurde und weinte, lachten alle anderen Kinder über mich. Als ich auf die Toilette gehen wollte, fragte ich unseren Lehrer um Erlaubnis, aber er sagte: „Nein". Irgendwann hielt ich es nicht mehr aus und machte mir in die Hose. Als das passiert war, kamen alle anderen Kinder zu mir und lachten mich aus. Ich konnte nichts dagegen tun.

Als meine Eltern den Lehrer zu einem Gespräch trafen, stellte er ihnen alles ganz anders dar. Für alles hatte er eine Erklärung, vielmehr eine Ausrede. Er sagte meinen Eltern außerdem, dass er mich genau wie die anderen Kinder behandele und auch schlüge. Meine Eltern waren machtlos. Sie konnten nichts tun, um mir zu helfen. Das war sehr schwer für mich und für meine Eltern. Aber sie konnten mir auch nicht sagen, dass ich nicht zur Schule gehen sollte. Sie hatten keine Wahl und ich auch nicht.

Länder Information Ruanda

Ruanda liegt im Herzen Afrikas und ist mit seinen fast 13 Millionen Einwohnern ein dichtbevölkerter Binnenstaat. Er grenzt im Norden an Uganda, im Osten an Tansania, im Süden an Burundi und im Westen an die Demokratische Republik Kongo.

Da ein Großteil des Landes Hochland ist, mit einer durchschnittlichen Höhe von 1.500 Meter, wird es auch das "Land der tausend Hügel" oder die „Schweiz Afrikas" genannt.

Ruanda gilt, insbesondere im wirtschaftlichen Bereich, als eine der größten Erfolgsgeschichten Afrikas. So wächst die Wirtschaft seit Jahren nachhaltig um sechs bis sieben Prozent. Ebenso stehen Umweltschutz, Sauberkeit und Sicherheit an oberster Stelle.

Kennzeichnend ist auch die für afrikanische Verhältnisse hohe Teilhabe an Frauen in Wirtschaft und Politik.

Amtssprache: Kinyarwanda, Französisch, English, Swahili

Hauptstadt: Kigali

Staatsform: Republik

Staatsoberhaupt: Präsident Paul Kagame

Fläche: 26,338 km²

Währung: Ruanda-Franc (RWF)

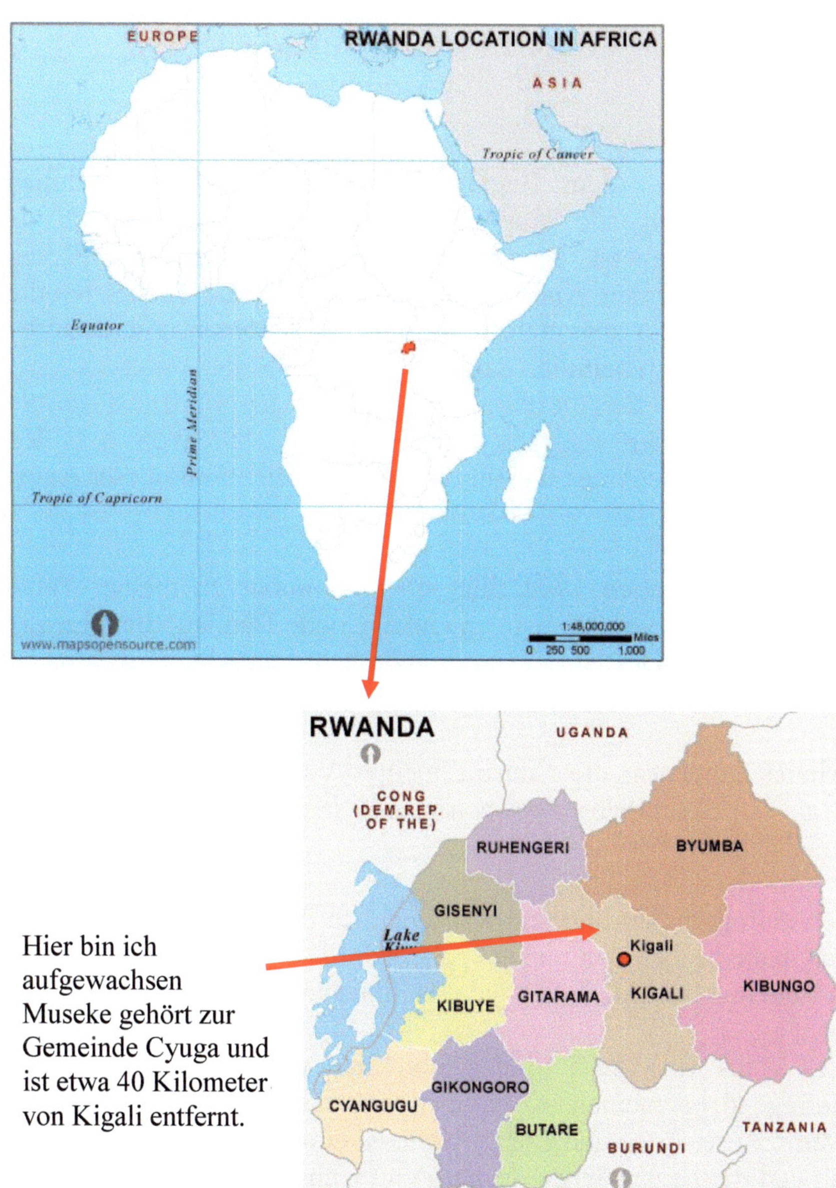

Hier bin ich
aufgewachsen
Museke gehört zur
Gemeinde Cyuga und
ist etwa 40 Kilometer
von Kigali entfernt.

Der Völkermord in Ruanda 1994

Schon vor dem Beginn des Genozids 1994 hörte man beunruhigende Dinge. Im Radio wurde massiv gegen die Tutsi gehetzt. Man erzählte sich, dass Leute zum Töten ausgebildet werden. Man hörte immer wieder, die Tutsi seien die Feinde, die man ausrotten muss. Die Erwachsenen untereinander unterhielten sich heimlich darüber.

Mit uns Kindern sprachen unsere Eltern nicht davon, aber ich merkte, dass sie Angst hatten. Es war nicht leicht, mit dieser Angst zu leben.

In den Osterferien 1994 fuhr ich wie immer zu meiner Tante Theresa Mucwezi und meinem Onkel Condo Damien. Sie lebten in Nyamirambo. Das ist ein wenig außerhalb von Kigali, aber schon etwas besser versorgt, mehr Stadt, als Dorf.

Meine Tante war die Cousine meines Vaters. Die beiden waren praktisch zusammen aufgewachsen und damit eher wie Geschwister zueinander.

Ich ging gerne dorthin und war glücklich dort zu sein. Auch wenn ich in dieser Zeit von meinen geliebten Eltern getrennt war, wusste ich doch, ich würde bald wieder bei ihnen sein.

Das Haus war quasi in der Stadt und es gab Strom. Es war aufregend, bei meinen zwei Cousins und vier Cousinen zu sein: drei, Marie Rose, Ange und Claire, waren älter als ich, Silvia war gleich alt und die beiden Jungs, Nshuti-Vicky und Viateur, waren jünger als ich. Manchmal kämpfte und weinte ich mit meiner gleichaltrigen Cousine Silvia. Wir stritten darüber, wer welche Kleidung tragen sollte. Als wir das taten, verriegelten wir die Tür. Aber als meine

Tante kam und an die Tür klopfte und fragte, was passiert sei, haben wir ihr nichts gesagt und nur gelacht.

Ich wollte bei meiner Tante die Osterferien verbringen. Alles war wie immer. Meine ältere Cousine Marie Rose war an diesem Abend mit ihrer Schwester Ange und ihrem Freund ausgegangen. Sie blieben normalerweise lange weg.

Doch an diesem Tag, am 6. April 1994, änderte sich alles. Ich war 11 Jahre alt. Wir hörten im Radio, dass es einen Flugzeugabsturz gegeben hatte, bei dem der Hutu-Präsident Juvenál Habyarimana umgekommen war. Meine Tante und mein Onkel wirkten plötzlich sehr besorgt. Ich verstand das nicht, weil ich dachte: „Wenn es ein Unfall ist, was ist dann so schlimm? Warum ist ein Flugzeugabsturz schlimm? Es war doch niemandes Schuld.“

Meine Tante und mein Onkel diskutierten immerzu: „Was machen wir jetzt? Was ist zu tun? Wir können nicht hierbleiben. Wir müssen gehen.“ Ich konnte nicht verstehen, warum sie das sagten.

Aber dann kamen meine Cousinen viel früher als gewöhnlich nach Hause, und da merkte ich, dass etwas nicht stimmte. Meine Tante und mein Onkel machten sich Gedanken und hatten Angst. Warum waren sie so verängstigt? Ich war verwirrt.

Ich wollte nach Hause und bei meinen Eltern sein! Ich wollte nicht mehr dortbleiben. Aber meine Tante sagte: „Du musst bei uns bleiben. Auf der Straße ist es gefährlich. Wir müssen woanders hin. Wir müssen diesen Ort verlassen." Als meine Tante mich nicht zu meinen Eltern ließ, hatte ich noch mehr Angst und war unendlich traurig. Es gab kein Telefon in unserem Dorf, ich konnte meine Eltern nicht anrufen. Wir waren getrennt. Ich wusste damals nicht, dass ich sie nie wiedersehen würde.

Und dann sagten sie im Radio, insbesondere über das " Radio Television Libre des Mille collines", bekannt als RTLM, dass es Zeit sei, die Tutsi zu töten. Zu dieser Zeit waren die meisten Menschen in Ruanda daran gewöhnt, dieses Radio zu hören und konnten diese Mordaufrufe hören. Meine Tante sagte mit einer Stimme voller Angst: „Wir können nicht hierbleiben. Sie werden kommen uns zu töten. Wir müssen weg."

Dann gingen wir in die damals so genannte Gaddafi-Moschee in Nyamirambo. Es war das Gotteshaus, das dem Haus meiner Tante am nächsten lag. Es lebten eine ganze Reihe Muslime im Ort. Wahrscheinlich suchten wir dort Zuflucht, weil bei den früheren Massakern gegen die Tutsi, in den Jahren 1959, 1963, 1966 und 1973, Hutu keine Tutsi töteten, die es schafften, sich in Kirchen oder in Moscheen zu verstecken. Alle Erwachsenen wussten das.

Wir hatten etwa 10 Minuten zu laufen. Unterwegs sahen wir viele andere Menschen. Meine Tante hatte einen Hausjungen, der bei ihnen arbeitete und der in ihrem Haus blieb. Ich fragte, warum er bleiben dürfe. Sie sagte, dass er ein Hutu sei. Da verstand ich, dass das der Grund war, warum mein Lehrer mich immer so behandelte. Ich dachte, dass alle Tutsi schlechte Menschen seien. Ich fragte meine Tante: „Warum sind Tutsi schlechte Menschen?" Aber meine Tante sagte: „Nein, das sind wir nicht." Das war aber nicht die Antwort auf meine Frage.

Condos Familie 1987: Theresa und Condo, die Eltern. Hinten: Marie Rose, die zweite Tochter von Theresa im pinken T-Shirt, daneben steht Ange, die älteste Tochter, die Mutter von Grace. Das Mädchen im schwarz-weißen T-Shirt ist eine Cousine von ihnen. Das Mädchen in der Mitte ist Claire, das dritte Kind von Theresa. Der kleine Junge ganz rechts im blauen Hemd ist das vierte Kind von Theresa, sein Name ist Condo Nshuti-Vicky. Er hat überlebt. Das kleine Mädchen rechts von Theresa ist ihr 5. Kind, Sylvia Umurugi, auch sie hat überlebt. Und das jüngste von Theresas Kindern ist Viateur Munderere, ganz links vorn, der auch überlebt hat.

In der Moschee gab es keine Matratzen und so schliefen wir auf dem Boden. Ungefähr 300 Menschen, Tutsi und Hutu, waren dort. Die Hutu, die da waren, waren diejenigen, die Christen waren oder die den Tutsi nichts Böses antun wollten, so genannte gemäßigte Hutu.

Es gab einige Hutu, die nichts gegen die Tutsi hatten. Es ist aber vorgekommen, dass extreme Hutu (diejenigen, die das Töten der Tutsi begrüßten oder gar verlangten) zu den gemäßigten Hutu sagten: „Ok, wenn du keine Tutsi töten willst, dann töten wir dich." So haben Hutu auch Hutu umgebracht. Manche Hutu hatten dann aber solche Angst um ihr Leben, dass sie lieber Tutsi umgebracht haben, als selbst sterben zu müssen.

Als wir in der Moschee waren, dachte ich an mein Zuhause. Ich dachte, dass es vielleicht in meinem Dorf nicht gefährlich wäre. Ich wollte immer noch nach Hause gehen. Ich wollte zu meinen Eltern!

Wir blieben ein paar Tage in der Moschee. Manchmal hörten wir draußen Schüsse und dann hatten wir Angst.

Ich erinnere mich auch an einige glückliche Momente: Ich spielte mit anderen Kindern und es gab eine Wand, an die wir schreiben konnten. Es war eine so große Moschee, dass wir manchmal Verstecken spielten. Die Erwachsenen saßen zusammen und unterhielten sich, aber worüber sie sprachen, war ein Geheimnis. Es gab einen speziellen Raum, in dem sie sich unterhielten. Sie erklärten uns nicht, was passierte.

Am 13. April 1994 um 11 Uhr morgens kamen Milizionäre zur Moschee. Normalerweise brachte der Hausjunge gegen 12:30 Uhr unser Essen. Also wartete ich auf das Essen. Ich hatte kein Frühstück, also war ich hungrig. Der Hausjunge kam nur einmal am Tag, um Essen zu bringen. Wir haben nie gefrühstückt, während wir in der Moschee waren. Ich hörte die Schüsse. Jeder in der Moschee ging zu seiner Familie. Ich ging zu meiner Tante und hielt mich an ihrem Kleid fest. Ich dachte: "Was werden sie tun? Was wird geschehen?"

Die Milizionäre kamen in die Moschee. Draußen war ein großer Garten. Sie sagten uns, wir sollten raus. Alle Leute aus der Moschee gingen nach draußen. Dort sagten die bewaffneten Männer: „Alle Hutu gehen zu dieser Seite. Die Tutsi gehen auf die andere Seite." Meine Tante sagte mit gedämpfter Stimme zu mir: „Geh zur Hutu-Seite". Ich wusste nicht, warum. Also ging ich zur Hutu-Seite. Einer der Milizionäre kam und sah uns an. Die Leute auf der Tutsi-Seite weinten und hatten Angst. Auf der Hutu-Seite hatten die Leute auch Angst, aber niemand weinte. Die Milizionäre betrachteten die Leute auf der Hutu-Seite. Einer fragte mich: „Wo sind deine Eltern?" Und ich sagte: „Ich weiß nicht, wo meine Eltern sind. Ich bin mit meiner Tante hier." Der Soldat fragte mich weiter: „Warum bist du hier, deine Tante aber ist auf der anderen Seite?" Ich sagte: „Ich weiß es nicht." Dann sagte er zu meiner Tante: „Warum hast du sie auf diese Seite geschickt? Wie kann sie Hutu sein, wenn die Tante auf der Tutsi-Seite ist?" Meine Tante sagte ihm, dass mein Vater Hutu sei und dass ich sie und ihre Familie gerade besucht habe. Er nahm eine meiner Hände, sah sie an und sagte dann: „Nein, geh zur Tutsi-Seite." Ich hatte Angst, war aber auch glücklich, weil ich zu meiner Tante zurückkehren und bei ihr sein konnte. Einer der Milizionäre sagte: „Alle Hutu: Geht nach Hause. Alle Tutsi: Folgt mir."

Als wir die Moschee verließen, zwangen uns die Soldaten und Milizionäre durch eine Bresche zu gehen, die sie im Zaun auf der Hinterseite geschaffen hatten, anstatt auf die Hauptstraße zu gehen, die vor der Moschee verläuft. Sie bildeten zwei Reihen von Soldaten und Milizionären, damit niemand entkommen konnte. So liefen wir durch eine Art Korridor von Soldaten und Milizionären zur Straße hinter der Moschee, im Kivugiza-Viertel.

Ich ging neben einem der Milizionäre her und sagte zu ihm: „Aber wir warten auf den Hausjungen. Er bringt uns das Essen. Ich bin so hungrig." Ich fragte ihn auch: „Wohin gehen wir?" Er sagte mit lachender Stimme zu mir: „Wir bringen dich zum Gefängnis, dich und deine Tante." Doch ich fragte: „Warum bringst du uns ins Gefängnis? Wie kannst du Kinder ins Gefängnis bringen und wer bringt uns Essen?" Er antwortete mir nicht. Wir haben uns normal unterhalten, aber ich fühlte mich, als wollte ich mich irgendwo verkriechen. Als er mir nicht mehr antwortete, fragte ich: „Warum hast du dich entschieden, ein Soldat zu sein?" Da sagte er: „Ich habe keine Lust mehr, mit dir zu reden, lass mich in Ruhe." Und dann ging er weg. Ich war verwirrt und ängstlich.

Dann kamen wir zu einem Haus mit einem großen Gelände, das von einer Hecke umgeben war. Die Soldaten befahlen den Menschen, sich zu setzen. Das war die einzige Möglichkeit, diese riesige Menge zu beherrschen. Einige Leute fingen an, Fragen zu stellen. Ein Soldat antwortete: "Wir warten auf Busse, die euch ins Gefängnis bringen." Dann brüllte einer der Soldaten: "Hinsetzen! Hinsetzen!" Auf den zweiten Befehl hin schoss er einem Jungen, der damals etwa 13 Jahre alt war, in den Mund. Er stand und hielt Händchen mit einem Mädchen in seinem Alter. Er fiel hin und riss das Mädchen bei seinem Sturz mit. Der Name des Mädchens ist Clarisse, die ich später kennenlernte. Der Junge war auf der Stelle tot. Er war der erste Mensch, der vor meinen Augen getötet wurde. Alle setzten sich hin.

Viele Leute blieben draußen und einige wurden gezwungen in das Haus zu gehen. Die Leute weinten, aber niemand sagte ein Wort. Das machte mir Angst. Als wir das Haus betraten, sah ich, dass dort eine beigefarbene Couch stand, auf der drei Personen sitzen konnten. Ich war ein wenig erleichtert. Ich wollte mich endlich ausruhen und mich auf die Couch legen, nachdem ich so viele Nächte auf dem Boden in der Moschee geschlafen hatte. Ich legte mich also auf die Couch.

Die anderen Leute benahmen sich, als wären sie verrückt geworden. Manche versuchten, sich irgendwo zu verstecken, zum Beispiel unter dem Tisch oder unter der Couch. Ich verstand das nicht. Ich dachte: „Warum müssen wir ins Gefängnis gehen? Warten wir hier nur auf den Bus, der uns ins Gefängnis bringt? Warum sind die Leute so verrückt?" Über all diesen Grübeleien schloss ich meine Augen und döste ein.

Dann hörte ich draußen plötzlich viele Schüsse und das Weinen von Menschen. Als ich meine Augen öffnete und meinen Kopf hob, sah ich einen Nachbarn meiner Tante, einen etwa 25-jährigen Mann, mit einer Machete in der Hand. Er sah anders aus als sonst. Ich versuchte mich ihm zu erkennen zu geben, versuchte sogar zu lächeln. Er musste mich doch erkennen! Er war doch der Nachbar meiner Tante Theresa! Oder machte er nur Spaß?

Da war noch ein anderer Mann, der einen großen Holzknüppel in der Hand hielt, und viele Milizionäre. Sie kamen durch die Tür. Der Mann mit dem Stock begann, auf meinen Arm zu schlagen. Aber ich fühlte keine Schmerzen. Ich schaute auf den Nachbarn und dachte, dass er mich doch wiedererkennen müsste und dass ich ihn vielleicht fragen könnte, warum der andere Mann mich verletzte. Aber als ich in sein Gesicht sah und bemerkte, wie wütend er war, wusste ich, dass ich von ihm keine Antwort bekommen würde.

Ich hörte noch mehr Schüsse und Frauen und Kinder, die draußen weinten und schrien. Ich legte mich schnell wieder auf die Couch und bedeckte mein Gesicht mit meinen Händen. Aber ich konnte immer noch durch meine Finger sehen, was der Nachbar tat. Als ich sah, dass er seine Machete hochhielt und damit auf mich einschlug, schloss ich meine Augen. Ich dachte, ich werde sterben. Dann habe ich nichts mehr gespürt. Ich fühlte auch keinen Schmerz, und ich weiß nicht, was als nächstes passierte. Dann war alles dunkel.

Das nächste, an das ich mich erinnere, war, dass meine Cousine Silvia kam, die, die genauso alt war wie ich. Sie streichelte mich und schlug auf meine Hand. Sie rief meinen Namen. Als ich meine Augen öffnete, sah ich, dass ich unter dem Tisch in der Lounge lag. Ich konnte mich nicht erinnern, wie ich dorthin gekommen war. Ein Stuhl lag auf mir drauf. Ich fühlte etwas Schweres auf meinem Kopf und dachte: „Vielleicht bin ich schon gestorben." Ich fragte mich: „Was ist passiert?" Dann kniff ich mich, um zu sehen, ob ich einen Schmerz fühlen konnte. Wenn ja, bedeutete das, dass ich noch nicht gestorben war. Und ich fühlte den Schmerz, also lebte ich noch.

Als ich meine Cousine anschaute, sah ich, dass sie sehr viel Blut im Gesicht hatte. Als ich die linke Seite meines Kopfes mit meiner Hand berührte, sah ich Blut an meiner Hand. Meine Cousine rief meiner Tante zu: "Mama, Kayi lebt, sie lebt!" Sie kamen zu mir und nahmen den Stuhl von mir runter. Ich fühlte nichts. Ich wusste, dass ich diese Leute kenne, aber in mir war nichts. Ich dachte wieder: „Vielleicht bin ich schon gestorben?" Ich kniff mich nochmals in den Arm und wusste, dass ich nicht tot war.

Ich sah meine andere Cousine Ange voller Blut, viel Blut, in der Ecke liegen. Sie war die erstgeborene Tochter meiner Tante. Grace, ihre kleine Tochter, war noch ein Baby. Das Baby kroch zu ihr herüber und suchte nach ihrer Brust, um zu trinken. Ich dachte: „Das Baby atmet, also lebt es." Aber meine Cousine Ange tat nichts, um dem Baby zu helfen. In Wirklichkeit war sie bereits tot.

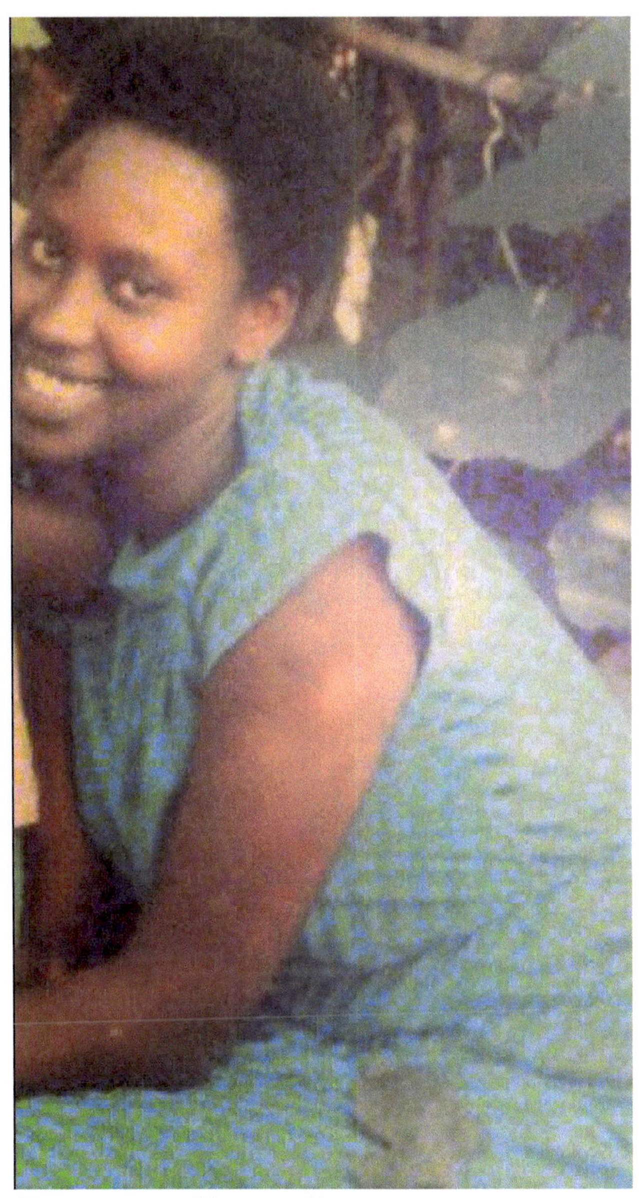

Here is a picture of Ange, my oldest cousin.

Ich fragte mich: „Ist sie gestorben? Sie würde dem Baby sonst helfen." Ich wollte dem Baby gern helfen, konnte mich aber nicht bewegen und nicht sprechen. Aber ich konnte meiner Tante mit dem Finger zeigen, dass dort ihre Tochter Ange war.

Meine Tante kam. Sie nahm Grace. Dann sah ich noch eine meiner Cousinen, Claire. Sie war auch verletzt. Jemand hatte ihr durch beide Beine geschossen. An den Armen und Händen hatte sie ebenfalls schwere Verletzungen.

Irgendwann ging den Soldaten die Munition aus und sie zogen ab. Die Milizionäre, die mit Knüppeln und anderen traditionellen Waffen weitergemordet hatten, wurden müde und hörten auf zu töten.

Ich hatte Hunger. Meine Tante sagte uns, dass wir nach draußen gehen müssten. Sie hatte gehört, dass die Männer zurückkommen würden. Als wir nach draußen gingen, sahen wir viele andere Menschen, die draußen getötet worden waren. Ich hatte Schwierigkeiten durchzukommen, wegen der Leichen, die herumlagen.

Einige Menschen stöhnten noch. Meine Tante sagte zu uns: "Legt euch hin, als wärt ihr tot. Sie werden euch sonst töten."

Aber das war mir egal. Ich ging weiter. Mein Kopf war so schwer und ich war so hungrig. Dann kam ich auf die Straße. Es war mir völlig egal, ob ich getötet werden würde. Meine Tante und die anderen ließen mich gehen. Als ich auf die Straße kam, sah ich noch mehr Tote. Ich hatte Hunger, fühlte mich so schwach und setzte mich auf die Straße. Da kamen einige Milizionäre. Es waren nicht die Leute, die schon dagewesen waren und Benzin bringen wollten, um das Haus anzuzünden. Sie sahen anders aus. Sie gingen durch die Straßen und suchten nach Menschen, die sie töten konnten. Sie fragten mich: „Wo sind deine Eltern?"

Ich sagte nichts. In der Tat hatte ich noch nicht realisiert, dass ich durch den Machetenhieb auf meinen Kopf stumm geworden war.

Ich deutete auf meinen Bauch und streckte meine Hand aus, um ihnen zu zeigen, dass ich hungrig bin und etwas zu essen brauche. Einer der Männer sagte: „Töte sie". Eine erbarmungslose Frau namens Mwamini, die sich als Anführerin der Gruppe aufführte, sagte: „Nein, verschwende keine Kugel für sie, sie wird sowieso bald sterben". Es hat mich nicht gekümmert. Ich hatte keine Angst. Ich fühlte nichts. Die Leute gingen weiter und ließen mich zurück.

Einige Milizionäre kamen in Müll-Lastwagen zurück, um den Abtransport der Leichen zu organisieren. Ich konnte von der Straße aus sehen, wie die Milizionäre eine lange zweireihige Kette bildeten, wobei einige die Beine und andere die Arme der Leichen nahmen und sie dem nächsten in der Reihe übergaben, als wären es Holzstücke bis zum LKW auf der Straße. Viele tote Frauen waren völlig nackt. Ich hatte kein Gefühl, überhaupt keine Emotion. Vielleicht waren schon drei Lastwagen mit Leichen gefüllt, als meine Tante, ihre überlebenden Kinder und ihr Ehemann kamen und mich fanden. Sie sagten: „Wir müssen zurück nach Hause, bevor sie das Haus anzünden." Als wir zurück zu ihrem Haus kamen, war es leer. Da war nichts im Haus. Alles war weg.

Im Radio hörte man: „Geht überall hin und sucht die Tutsi. Überprüft auch die Dachböden, denn dort werden sie sich verstecken." Dann kam ein Nachbar meiner Tante. Noel war sein Name und er war einer der berüchtigten und gnadenlosen Anführer der Interahamwe-Milizen im ganzen Land und ein bekannter Journalist bei RTLM. Er hatte zwar viele Menschen getötet, aber uns hat er geholfen. Er fand ein Auto für meine verletzte Cousine Claire und mich und brachte uns zum „Roten Kreuz", einer internationalen Organisation, die humanitären Schutz und Hilfe für

Opfer von Krieg und anderen Gewaltsituationen bietet, in Kiyovu, einen Stadtteil der Stadt Kigali.
Die anderen blieben im Haus. Das war das letzte Mal, dass ich sie alle gesehen habe. Meine Tante Theresa und mein Onkel Condo haben nicht überlebt. Ich habe nie erfahren, wann und wie und von wem sie getötet wurden. Es muss irgendwann im Juni gewesen sein.

Meine Tante hatte zuvor in Gitega, einem Stadtteil der Stadt Kigali, gelebt und war nach Nyamirambu gezogen, weil es in Gitega viele Anhänger der „Interahamwe" gegeben hatte. Die „Interahamwe" war eine ursprünglich para- militärische Kampforganisation der Staatspartei Ruandas MRND „Mouvement Républicain National pour la Démocratie et le Développement" - „Nationale Republikanische Bewegung für Demokratie und Entwicklung", die etwa 1990, in der Regierungszeit des Staatschefs Juvénal Habyarimana, gegründet wurde, sich später jedoch zu einer der wichtigsten Kräfte der extremistischen Hutu-Power entwickelte, die die Ermordung aller Tutsi propagierte.

Auf dem Weg zum „Roten Kreuz" nach Kiyovu, nordwestlich von Kigali gelegen, wurde unser Auto von Milizionären genau in Gitega angehalten, jenem Teil der Stadt Kigali, aus dem meine Tante und ihre Familie früher weggezogen waren, um den Angriffen der Interahamwe-Milizionäre zu entkommen. Diese Straßensperre war eine der am meisten gefürchteten in der ganzen Stadt. Sie erkannten meine Cousine und sagten: "Oh, sie ist die Tochter von Condo." Meine Tante und mein Onkel waren in der Gegend sehr bekannt. Die Milizionäre sprachen mit dem Fahrer und er erklärte dem Anführer der Straßensperre, dass es Noel war, der uns ihm anvertraut hatte. Dann ließen sie uns passieren. Als wir das „Rote Kreuz" erreichten, behandelten sie meine Cousine. Hier wurden wir getrennt.

Sie fragten mich: „Wie heißt du?" Aber ich habe nichts gesagt. Ich hörte, wie sie sagten: „Sie wird sicher bald sterben." Obwohl ich nicht sprechen konnte, konnte ich alles hören, was sie sagten. Sie brachten mir etwas zu essen, aber es gab keine medizinische Behandlung. Ich dachte: „Lasst mich sterben." Ich habe das akzeptiert.

Am 15. April lebte ich noch.

Auch am 16. April lebte ich noch.

Am 17. April lebte ich immer noch.

Sie wunderten sich und sagten: „Oh, sie lebt noch." Maden begannen sich in meiner Wunde auszubreiten. Sie wuschen meine Wunde mit etwas Alkohol aus. Am 18. April sagten sie: „Wir müssen sie behandeln, sie wird nicht sterben".

Sie operierten mich ohne Schmerzmittel. Sie mussten mich festhalten. Eine Person hielt meine Arme, eine meine Beine und eine meinen Kopf. Ich habe akzeptiert, was mit mir passierte. Ich habe nicht dagegen gekämpft. Ich dachte: „Okay, sie behandeln mich. Vielleicht werde ich überleben." Und ich wollte überleben. Ich wollte ihnen sogar bei der Operation helfen, wenn sie mich nur festhielten.

Es tat so weh! Nie wieder in meinem Leben, weder davor, noch danach, habe ich solche Schmerzen gehabt.

Als der Schweizer Arzt sagte, dass sie die Wunde bedecken sollten, wusste ich, dass die Operation jetzt zu Ende ist. Ich wusste, dass er Schweizer war, weil ich ihn reden gehört hatte. Dieser Arzt hat so viele Leute operiert. Ich hatte noch nie einen weißen Arzt gesehen. Als die Operation zu Ende war, fühlte ich Erleichterung. Ich dachte: „Okay, vielleicht werde ich überleben."

Mit verbundenem Kopf brachte man mich an meinen Schlafplatz zurück. Sie transportierten mich auf einer Bahre. Ich hatte immer noch starke Schmerzen.
Nach einer Woche wurden die Schmerzen weniger.

Ich begann zu realisieren, was draußen passierte. Ich wollte wissen: „Was ist los? Wo bin ich?" Aber ich dachte immer noch nicht an meine Eltern und meine Tante.

Manchmal kamen bewaffnete Männer. Die Leute, die beim „Roten Kreuz" arbeiteten, gaben ihnen Geld, damit sie weggingen. Die Milizionäre töteten immer noch Tutsi.

Auch nachdem ich mich von der Operation erholt hatte, sprach ich nicht. Ich kommunizierte mit anderen, indem ich auf einen Zettel schrieb. Ich erkannte Claire und wusste, dass sie meine Cousine war. Aber ich hatte keine Gefühle für sie, ich empfand ihr gegenüber nichts. Sie versuchte mir zu sagen, ich solle reden. Sie bat mich, Dinge zu benennen oder ihre Namen zu sagen. Für mich war es sehr schwer, weil ich die Begriffe nicht aussprechen konnte. Der Name meiner Cousine war Claire, aber ich konnte nur "Cl ..." sagen. Sie machte sich Sorgen wegen meiner seltsamen Aussprache. Sie dachte, dass ich vielleicht nicht sprechen wollte oder konnte. Sie wollte mit mir reden. Aber ich habe nichts gesagt. In mir drin war alles taub.

Ich half Claire, sich zu waschen und kümmerte mich um sie, weil ihre Beine durchschossen waren. Häufig mussten wir uns verstecken, weil Milizionäre kamen und nach Tutsi suchten, um sie zu töten. Die Leute, die beim „Roten Kreuz" arbeiteten, versteckten uns weiter.

Ich empfand nichts, hatte auch keine Angst. Es war mir egal, was passierte. Andere Kinder hatten Angst, wenn die Milizionäre kamen. Manche versteckten sich unter den Tischen und Stühlen. Es war mir ganz egal, wenn die Milizionäre kamen und wir uns verstecken mussten.

Wir durften nie nach draußen gehen. Wir konnten nicht, weil die Nanny alle Türen verschlossen hatte, um uns zu beschützen. Ich wollte raus. So aber blieben wir lange Zeit drinnen.

Ich hatte das Gefühl, mit niemandem verbunden zu sein. Ich hatte keine Angst wie die anderen Kinder, ich würde einfach bei den Erwachsenen bleiben. Ich hatte zu niemandem eine emotionale Verbindung.

Schon Ende Juni 1994 konnten viele Menschen, die beim „Roten Kreuz" waren, als geheilt entlassen werden.

Dann kamen eines Tages wieder Milizionäre und es hieß, man müsse entscheiden, auf welcher Seite man steht. Die Leute vom „Roten Kreuz" kooperierten, weil sie sich nicht um alle kümmern konnten. Auf die eine Seite sollten Anhänger des Militärs der ruandischen Regierung, der MRND, gehen. Die andere Seite repräsentierte das Militär, das von außen ins Land gekommen war. Dies waren die Mitglieder der RPF- „Inkotanyi",

Zu der Zeit, als man uns bat, diese Wahl zu treffen, war es wahrscheinlich, weil die Armee des RPF, die RPA (die Ruandische Patriotische Armee), in der Nähe von Kigali angriff und wahrscheinlich kurz davor war, die Stadt Kigali einzunehmen. Zu dieser Zeit war das Land nach dem Abkommen von Arusha in zwei getrennte Hoheitsgebiete aufgeteilt. Ein großer nördlicher Teil wurde von der RPA besetzt, die sich aus ehemaligen ruandischen Flüchtlingen zusammensetzte, die über 30 Jahre lang in Uganda und anderen afrikanischen Ländern gelebt hatten. Die Hutu-geführte Armee besetzte den Rest Ruandas. Die RPA besetzte sogar einen Teil von Kigali, wo sich das nationale Amahoro-Stadion befindet. Einige Tutsi hatten bereits im Stadion Zuflucht gefunden. Die RPA hatte den Tutsi geholfen, zu überleben. Ich überlegte. Einige Leute gingen auf diese Seite und andere auf die andere. Viele entschieden sich und wurden zur jeweiligen gewählten Seite gebracht.

Ich dachte: „Okay. Ich weiß nicht, was ich machen soll. Das Militär Ruandas hat Tutsis getötet, also kann ich nicht, wie beim letzten Mal, auf diese Seite gehen." Ich wusste nicht, was ich tun sollte, und dieses Mal war kein Erwachsener da, um mir zu sagen, was ich zu machen hatte.

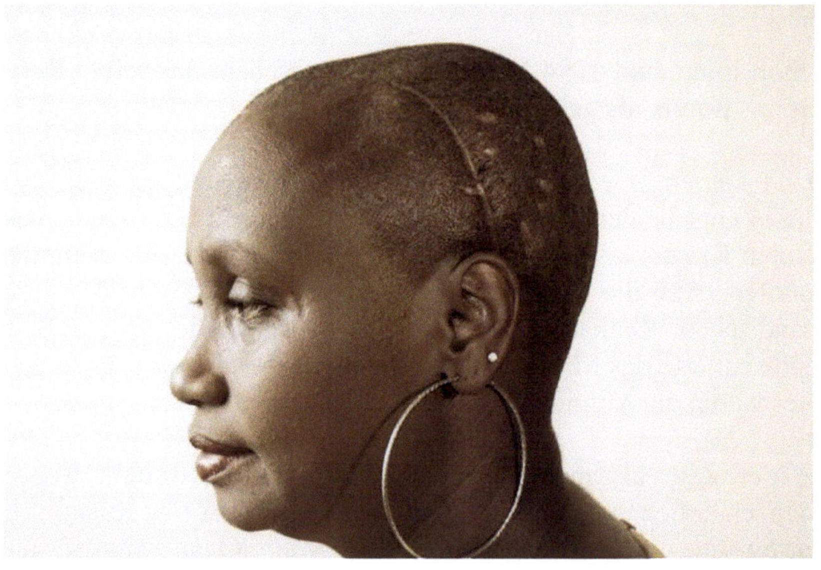

Meinen Narben, als Kind hätte ich niemandem erlaubt ein Foto davon zu machen.

Für meine Cousine war es leichter. Sie hatte einen Freund, der beim „Roten Kreuz" arbeitete. Sie konnte bei ihm bleiben. Ihr Freund war aus Ruanda und hatte schon vor dem Völkermord beim „Roten Kreuz" gearbeitet. Er konnte sich retten, weil er dort arbeitete. Meine Cousine war damals 17 oder 18 Jahre alt. Sie konnte ihr eigenes Leben leben.

Meine Cousine Claire, links bei ihrer Hochzeit (man sieht noch deutlich ihre Narben) und rechts im Garten.

Die Milizionäre sagten, dass Kinder ohne Eltern sich nicht entscheiden müssten.

So musste ich dableiben. Eine große Anzahl von unbegleiteten Kindern blieb auf dem Gelände des Roten Kreuzes. Es gab sogar Frauen, die ihre Ehemänner verloren und kleine Kinder hatten, die sich für keine der beiden Seiten entschieden und blieben. Das sind die gleichen Frauen, die sich danach um uns gekümmert haben. Wir wurden in ein Waisenhaus gebracht.

Im Rückblick war es gut, dass ich nicht mit den Erwachsenen vom Roten Kreuz, die sich für die eine oder andere Seite entschieden hatten, gehen musste. Ich weiß, dass einige der Leute später bei

Schießereien gestorben sind. Im Juli 1994 wurde der Völkermord durch die RPA endgültig beendet.

Der Ort, an den sie uns damals brachten, war ein Gebäude, das nicht auf dem Gelände des „Roten Kreuzes" stand, sondern in dessen Nähe. Sie markierten das Gebäude von außen, damit jeder wusste, dass es zum „Roten Kreuz" gehört. Es waren sogar mehrere Häuser, die als Waisenhaus dienten.

Jetzt gab es auch andere Kinder. Ich kann nicht genau sagen, wie viele Kinder dort waren, vielleicht 150, aber ich weiß es nicht. Es war kein normales Waisenhaus, in dem die Kinder länger bleiben sollten. Es war eher eine Durchgangsstation oder ein Auffanglager. Denn wir Kinder wurden betreut, und man schaute, dass wir unsere Familien wiederfanden. Es gab keine Schule oder ähnliches. Wir lebten nur für kurze Zeit dort.

Die Leute, die für das „Rote Kreuz" arbeiteten, sammelten überall Kinder ein, die in Autos oder auf der Straße lebten. Sie versuchten herauszufinden, woher sie kamen.

Kinder aus dem Waisenhaus begannen, in ihre Dörfer zu fahren, um ihre Eltern und Verwandten zu finden. Als sie nach dem Besuch zu uns zurückkehrten, sprachen sie darüber, was sie gesehen hatten, wo sie gewesen waren und wen sie getroffen hatten.

Als ich ihnen zuhörte, begann ich mich an meine Vergangenheit zu erinnern, an mein Dorf und andere Dinge aus meinem Leben. So kam meine Erinnerung zurück.

Eine Person hatte gesagt: "Ich war in Gatsata". Das war in der Nähe meines Dorfes, ich erinnerte mich an den Namen.

Aber ich konnte immer noch nicht reden. Ich erzählte es ihnen schriftlich, und sie beschlossen, mich mitzunehmen. Aber sie wussten nicht, was sie von mir halten sollten, weil ich immer noch nicht sprach, sondern nur schrieb.

Wir starteten morgens um 9 Uhr. Wir fuhren sehr langsam. Weil ich nicht redete, zeigte ich ihnen mit dem Finger, als ich den Ort sah, den ich kannte. Wir saßen zu viert im Auto: der Fahrer, dann noch ein Mann aus Ruanda und eine Dame aus Australien. Ich saß neben dem Fahrer vorne. Ich war sehr aufmerksam und schaute überall hin, um mein Dorf zu finden.

Ich war aber nicht aufgeregt, sondern fühlte nichts. Es war nur interessant. Gegen 10:30 Uhr, als ich anfing, mein Dorf und den Ort, an dem ich aufgewachsen war, wiederzuerkennen, verspürte ich plötzlich Hoffnung. Vielleicht konnte ich meine Eltern sehen. Was war mit ihnen, mit meiner Familie, passiert?

Als wir im Dorf ankamen, liefen viele Kinder zum Auto und riefen meinen Namen. „Sie lebt." Ich wollte nicht mit ihnen reden. Ich wollte nicht, dass die Kinder merkten, dass ich nicht sprechen konnte. Ich wollte nur nach meinen Eltern suchen und sie sehen. Weil das Auto auf der Straße nicht weiterfahren konnte, gingen wir zu der Stelle, wo mein Haus gewesen war. Die Kinder folgten mir nicht, weil man ihnen sagte, sie sollten warten. Ich rannte, weil ich so schnell wie möglich da sein wollte.

Sie sagten zu mir: „Langsam, warte auf uns". Also bin ich langsamer geworden. Ich konnte schon unser Bananenfeld sehen. Ich sah das Gras auf dem Boden, das schon wieder so hoch gewachsen war, dass man den Weg, den es einmal gegeben hatte, fast nicht mehr sehen konnte. In Ruanda wachsen Wege, die nicht oder nur selten benutzt werden, sehr schnell wieder zu. Man musste die Grashalme mit den Armen zur Seite schieben, um den Weg darunter zu finden.

Dann sah ich, dass die Häuser fehlten. Dort, wo das Haus meiner Großeltern hätte sein sollen, war nichts. Und auch unser Haus war nicht mehr da. Ich dachte nur: „Sie haben die Häuser verbrannt." Plötzlich habe ich begriffen, dass es überall passiert ist.

Ich dachte: „Ich muss mit einer Nachbarin reden." Sie war eine Hutu, aber eine Freundin unserer Familie. Ich würde sie fragen, ob meine Eltern noch lebten. Ich war enttäuscht und hatte nur ein bisschen Angst.

Ein Kind einer Nachbarin erzählte seinen Eltern, dass ich lebe. Also kam eine Frau zu mir und rief meinen Namen. Sie weinte und umarmte mich. Ich stand mit verschränkten Armen da. Als ich sie sah, wollte ich sie nur fragen, ob meine Eltern noch leben.

Ich schrieb meine Frage auf einen Zettel, aber sie sagte zunächst nichts. Ich habe nicht geweint. Ich habe gehört, dass sie weinte. Dann sagte sie: „Es tut mir so leid, deine Eltern sind tot. Dein Bruder, deine Tante, alle sind tot. Nur zwei jüngere Brüder sind vielleicht am Leben."

Ich konnte nichts fühlen. In mir war alles leer. Ich dachte: „Okay, gehen wir." Ich konnte nicht mit ihr reden. Ich drehte mich um und begann zu laufen. Andere Leute folgten mir. Die Nachbarin rief: „Bitte, komm zu mir zurück, ich muss mit dir reden."

Ich habe fast nichts gespürt. Da war etwas Traurigkeit, ein bisschen Trauer. Als ich mich umdrehte und wegging, sagte sie zu mir: „Komm eines Tages zurück und rede mit mir." Aber ich dachte, ich werde nie wiederkommen. Ich werde gehen und weiter nach meinen Eltern suchen.

Als wir zum Auto zurückkamen, nahm mich die australische Frau in die Arme und so fuhren wir zurück. Sie hielt mich die gesamte Rückfahrt im Arm. Sie berührte meinen Kopf und sagte: „Es ist okay". Ich habe nicht geweint, ich hatte nur keine Kraft mehr.

Nachdem wir zurückgekommen waren, gab sie mir etwas zu essen und zu trinken. Und sie sagte mir, dass sie mich mit nach Australien nehmen könnte. Aber ich schrieb: „Nein" auf ein Blatt Papier.

Ich habe nicht geglaubt, dass meine Eltern gestorben sind. Ich dachte: „Wie konnten sie mich verlassen? Es ist unmöglich. Meine Mutter lebt noch und eines Tages wird sie zurückkommen. Ich muss darauf warten. Wenn meine Brüder leben, muss ich sie finden. Meine Mutter ist noch irgendwo am Leben." Also konnte ich nicht gehen. Das war meine Entscheidung.

Die australische Frau sagte mir, dass wir später zurückkommen könnten, um meine Eltern zu finden und sie zu sehen. Aber ich glaubte, dass meine Eltern vielleicht jeden Moment zurückkommen oder einer meiner Brüder gefunden werden könnte. Da musste ich dableiben. Ich konnte nicht weg. Ich musste sie finden! Vielleicht waren sie noch am Leben!

Später zogen wir von diesem Ort des Roten Kreuzes in ein Waisenhaus namens "Foyer des hirondelles" in Kimihurura, einem Stadtteil von Kigali, das von Emmanuel Munyentwali und seiner Schweizer Frau Charlotte Sauteaux geleitet wurde.

Was in Ruanda geschah

Der Genozid mit abscheulichen Massakern erstreckte sich auf die gesamte Fläche Ruandas. Es passierte in jedem Dorf und in jeder Stadt. Die Hutu besaßen Listen mit den Namen aller Tutsi darauf. Sie waren gut informiert und wussten über jeden Tutsi Bescheid. Sie hatten in den Listen sogar notiert, wo sich jemand verstecken könnte.

Schon in den 1950er Jahren war es in Ruanda zu schweren Auseinandersetzungen zwischen Hutu und Tutsi gekommen. Schon damals gab es Massaker an den Tutsis. Vor allem die Männer wurden damals getötet, Frauen und Kinder hat man meistens, nicht immer, verschont.

Nach der Unabhängigkeit am 1. Juli 1962 gab es eine erste (1962–1973) und dann eine zweite Republik (Juli 1973–1994). Vor allem die erste Republik war begleitet von Massakern, Vertreibungen und Fluchtbewegungen von Tutsi. Eine große Anzahl von ihnen war danach an der Rückkehr nach Ruanda gehindert und lebte jahrzehntelang in den Nachbarländern Uganda, Burundi, Tansania und der DR Kongo, zum Teil auch in Kenia.

Zugespitzt hat sich die Lage dann in den frühen 1990er Jahren. Am 1. Oktober 1990 griff die Ruandische Patriotische Front (RPF), in der Exil-Ruander aus Uganda stark vertreten waren, das Land an, um militärisch die Rückkehr der Flüchtlinge zu erzwingen. Sie besetzte Teile des Nordens des Landes (in Byumba und Mutara). International vermittelte Verhandlungen führten zunächst zu einem Waffenstillstand im Juli 1992. Nach dem „Friedensvertrag von Arusha" im Januar 1993 kam es aber mehr oder weniger zu einer politischen Blockade der Umsetzung der Vereinbarungen des

Friedensvertrags. Radikale Kräfte waren nicht zur Kooperation mit dem Gegner in Regierung, Parlament und Armee bereit.

Anfang der 1990er Jahre fing die Hutu-Regierung an, die Massaker und damit den Genozid vorzubereiten. Da begann die Propaganda, die verbreitete, dass alle Tutsi Kakerlaken sind und ausgerottet gehören. Und sie fingen an, junge Leute zum Töten auszubilden. Sie zogen junge Hutu heran und erklärten ihnen, was zu tun sei. Sie brachten ihnen das Töten bei. Sie zeigten ihnen, wie sie mit den Macheten zuschlagen müssen, um jemanden lebensgefährlich zu verletzen.

An den Massakern haben sich alle möglichen Menschen beteiligt. Junge Männer, ältere Männer, teilweise sogar erst 11- oder 12-jährige Kinder. Auch Frauen haben getötet.

Ende Juli 1994 war der Völkermord zu Ende, es dauerte aber an den verschiedenen Orten unterschiedlich lang, je nachdem, wann die Rebellen die Gebiete eroberten. Das heißt aber nicht, dass das Töten komplett aufhörte. Die Tutsi hatten wieder eine größere Überlebenschance. Aber auch nach Juli 1994 wurden noch viele Menschen getötet, sowohl Hutu wie Tutsi.

Wie meine Familie getötet wurde

Fast die gesamte Familie meiner Mutter ist umgekommen. Aus der Familie meines Vaters sind alle gestorben, bis auf meine Brüder und ich.

Später erfuhr ich von meinem Bruder Valens, wie meine Eltern gestorben sind. Er erzählte mir, dass meine Mutter sich Sorgen um mich gemacht hatte und befürchtete, ich könne zurückkommen, um sie zu sehen und auf dem Weg getötet werden. Sie dachte, dass dort, wo ich bin, niemand getötet würde. Doch getötet wurde überall. Alle Tutsi meines Heimatortes hatten sich versammelt. Mein Vater sagte ihnen, sie sollten zusammensitzen und beten. Also schlossen alle die Augen, saßen in einem Kreis und hielten sich an den Händen.

Mein Vater glaubte, genau wie die anderen Zeugen Jehovas, an das Paradies und die Wieder-auferstehung. Er hatte keine Angst vor dem Tod oder vor dem Sterben. Er glaubte an das bessere Leben nach dem Tod.

Meine Mutter trug meinen kleinen Bruder Didas auf dem Rücken. Mein Vater sagte allen, dass sie beten und keine Angst vor dem Sterben haben sollten. Aber mein damals achtjähriger Bruder Valens hatte Angst, zu sterben. Während mein Vater und die anderen tief im Gebet versunken waren, schaute Valens durch die Finger seiner Hand. Und er sah die Leute, die kamen, um alle zu töten. Da rannte Valens schnell davon. So hat er überlebt.

Meine Mutter hatte Didas auf dem Rücken, als sie kamen und die Menschen töteten. Nach einem Schlag fiel meine Mutter auf die Seite. Didas brach sich bei dem Sturz den Arm. Später kam ein Nachbar. Zu dieser Zeit lebte meine Mutter noch, aber sie konnte sich nicht bewegen. Sie sagte dem Nachbarn, er solle Didas nehmen, bevor sie zurückkämen und alles verbrannten. Valens erzählte mir, dass er zu unserer Mutter gehen wollte. Aber es war zu gefährlich, weil die Milizionäre die Häuser anzündeten. Später übergab der Nachbar Didas an Valens und die Beiden flohen zusammen. Dies alles ist der Grund, warum Valens nicht an Gott glaubt. Er sagt: „Wenn Gott bei uns ist und uns beobachtet hat, wie konnte er unsere Eltern zu sich nehmen, aber Didas ohne Eltern zurücklassen?"

Auch die Eltern meiner Mutter, also meine Großeltern, und ein Teil dieser Familie sind während des Genozids umgekommen. Später habe ich erfahren, wie sie gestorben sind. Sie hatten eine Latrine, eine sehr tiefe Grube, die sie als Toilette benutzten und um Abfälle zu entsorgen. Die Milizionäre kamen und zwangen alle aus der Familie, in die Grube zu springen. Sie töteten sie aber nicht sofort.

Meine Großeltern waren sehr große Menschen. Die Milizionäre schossen ihnen in die Beine, damit sie nicht mehr stehen konnten. Zwölf Menschen waren insgesamt in der Grube. Sie deckten die Grube zu und ließen alle zwölf Menschen langsam sterben. Einer meiner Cousins konnte fliehen und versteckte sich in der Nähe. Er hat überlebt. Er hörte unten aus der Grube Wimmern und Stöhnen. Aber er war zu klein und zu jung. Er konnte niemandem helfen. So starben sie alle.

Außer meiner Tante Godberthe überlebten zwei weitere Schwestern meiner Mutter: Mugorewintore Genereuse (sie starb 2007) und Ukwishaka Marie Gorethe (gestorben 2004). Sie hatten es nach dem Völkermord nicht leicht, waren traumatisiert und haben ihr Leben nur schwer in den Griff bekommen.

Nach dem Völkermord

I m September oder Oktober 1994 kam meine Tante Godberthe Mugorewindinda, die Schwester meiner Mutter, in das Waisenhaus „Foyer des Hirondelles" und holte mich. Sie hatte mein Dorf besucht. Dort wurde ihr gesagt, wo sie mich finden kann.

Als ich sie zum ersten Mal traf, war ich sehr zurückhaltend. Ich kannte sie kaum, obwohl sie die Schwester meiner Mutter war. Sie umarmte mich und weinte. Plötzlich fühlte ich mich sicher. Und ich dachte, ich hätte jemanden, der etwas in meinem Herzen bewegen könnte, wenn er mich berührt. Meine Empfindungen kamen ein wenig zurück. Sie hat mich sofort mitgenommen.

Meine Tante Godberthe lebt noch und ist heute 75. Sie war damals etwa 50 Jahre alt, geboren ist sie am 11. Dezember 1943. Sie hatte im Kongo geheiratet. Später wurde sie geschieden, die Kinder blieben bei ihrem Mann. Dieser war auch aus Ruanda, lebte aber schon lange im Kongo. Meine Tante ging dann nach Belgien und lebte einige Zeit dort, allerdings ohne ihre Kinder. Dann aber lernte ihr Ex-Mann eine andere Frau kennen. Es gab Probleme zwischen der Frau und den Kindern, sie vertrugen sich nicht. So bekam meine Tante ihre Kinder zurück. In Belgien wäre sie wahrscheinlich mit all ihren Kindern nicht gut zurechtgekommen; darum kehrte sie nach Ruanda zurück. Das war schon vor dem Völkermord. So hatte sie jetzt fünf eigene Kinder.

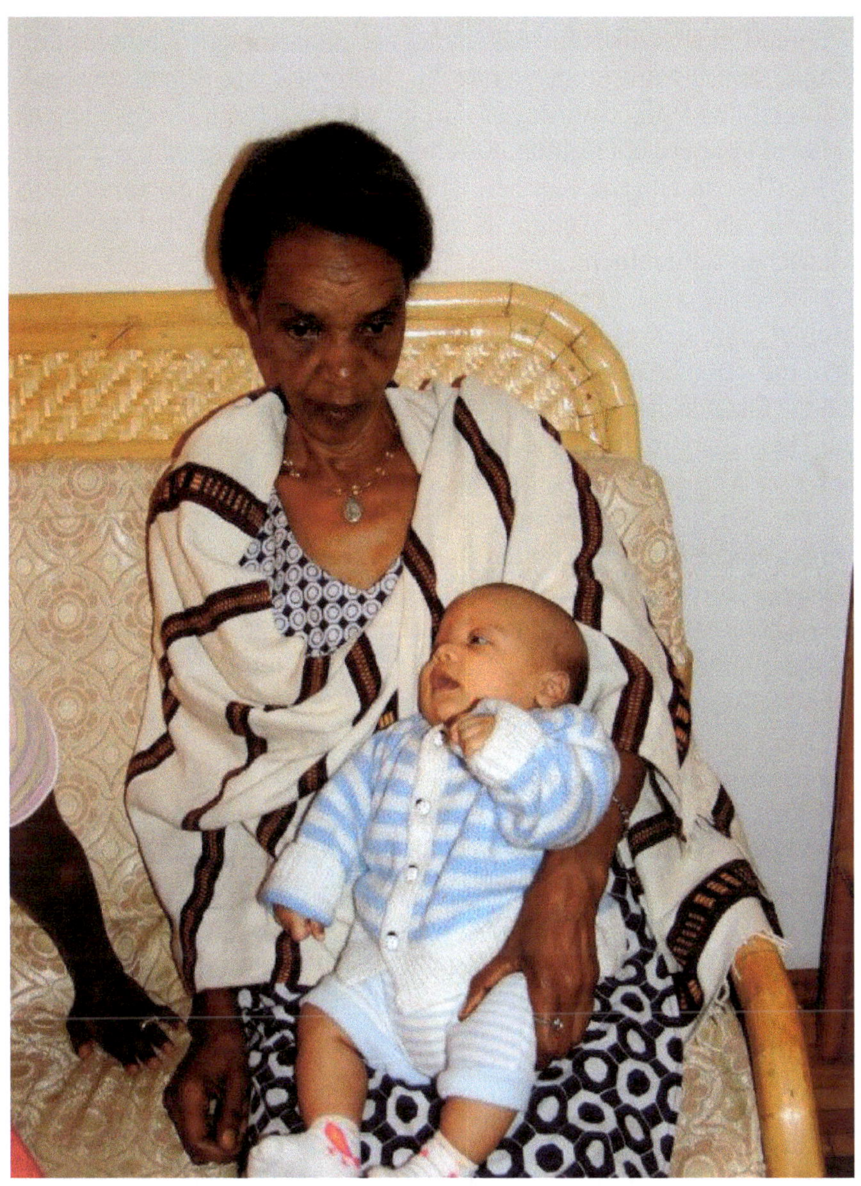

Meine Tante Godberthe, bei der ich nach dem Völkermord aufgewachsen bin

Während des Völkermordes hatte sie sich in der Katholischen Kirche von Nyamirambo versteckt. Nicht alle Menschen, die sich während des Völkermordes in Kirchen oder anderen Gotteshäusern versteckt haben, überlebten. Kirchen waren nicht unbedingt sichere Orte. Aber in einigen Kirchen ist es gelungen, Tutsi zu verstecken und sie zu retten. Andere Kirchen wurden überfallen und die Menschen umgebracht.

Meine Tante wohnte ein paar Meter von dem Todeshaus entfernt, in dem die Tutsi aus der Gaddafi-Moschee getötet worden waren. Als ich die Grundschule in Kivugiza wieder aufnahm, hatte meine Tante ein Haus ganz in der Nähe des Hauses gefunden. Es war ein Haus, das von Menschen verlassen wurde, die aus dem Land geflohen waren. So lebten die meisten Menschen, die aus dem Exil zurückkehrten, in den ersten Jahren nach dem Genozid, bis die Besitzer zurückkamen. Leider musste ich jene Straße vor dem Todeshaus als Schulweg benutzen. Ich erinnere mich, dass ich viele Monate lang große Angst hatte, in die Richtung dieses Hauses zu schauen, wenn ich vorbeiging.

Später erfuhr ich, dass dieses Haus Marie gehörte, einer Tutsi-Frau, die kurz vor dem Genozid Witwe geworden war. Die Mörder, einschließlich der Milizionäre, die Maries direkte Nachbarn waren, wussten, dass das Haus zum Zeitpunkt der Tötungen unbewohnt war. Marie und ihre Tochter, die am 8. April schwer verwundet worden waren, konnten für einige Tage mit uns in der Moschee Zuflucht finden. Kurz bevor wir zu ihrem Haus gebracht wurden, waren sie und ihre Tochter in das Krankenhaus CHK evakuiert worden. Beide überlebten. Marie wohnt immer noch in diesem Haus, das in der Zwischenzeit etwas umgebaut wurde. Erst kürzlich konnte ich mit ihr telefonieren und sie erzählte mir, dass die Räume gleich geblieben sind. Nur das Dach ist erhöht worden. Eine meiner Fragen an sie war: "Wie können Sie in diesem Haus leben? Sie antwortete: "Ich hatte keine andere Wahl".

Meine zwei Brüder wurden gefunden, kurz nachdem ich von meiner Tante abgeholt wurde.

Valens, der größere von beiden, war in Byumba, hatte meine Tante gehört. Sie ging deshalb dorthin und suchte nach ihm. Ich wusste nicht, dass sie ihn holen würde. Ich blieb derweil im Haus meiner Tante. Als sie zurückkam, versteckte sie ihn hinter sich und sagte zu mir: „Sieh mal, wen ich gefunden habe." Und dann sah ich meinen Bruder. Die Tränen flossen nur so aus mir heraus. Ich wusste gar nicht, dass sie ihn gefunden hatte. Er war so klein und so dünn. Er war 8 oder 9 Jahre alt. Ich war 11. Ich umarmte ihn und weinte. Ich war so glücklich. Plötzlich hatte ich die Hoffnung, dass auch meine Mutter noch am Leben sei. In fühlte Freude und Glück.

Mit Valens habe ich damals nicht über den Tod unserer Eltern gesprochen. Ich wollte mir einen letzten Funken Hoffnung bewahren.

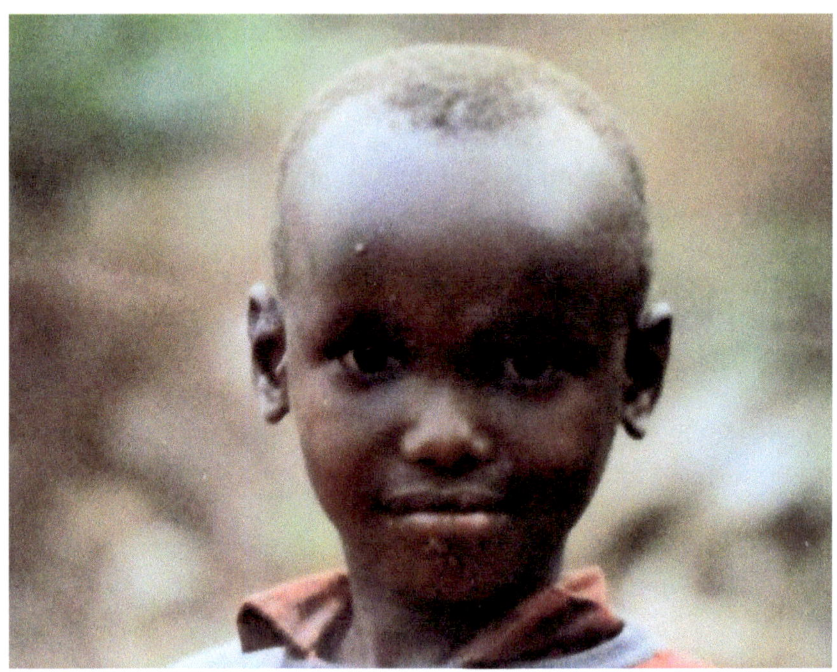

Didas mit etwa 6 Jahren

Didas, mein jüngster Bruder, war nicht mehr in Ruanda. Er lebte inzwischen bei einer Familie in Uganda. 1998 oder 1999 brachte meine Tante Didas nach Hause. Während des Überfalls, bei dem meine Eltern starben, wurde er, damals erst ein Jahr alt, verletzt. Sein Arm war gebrochen und im Nacken hatte er eine Wunde durch eine Machete. Als wir uns wieder trafen, war er fünf Jahre alt und erkannte uns nicht. Wie auch, er war ja damals noch ein Baby. Er sprach nur Englisch und kein Kinyarwanda. Wir konnten nicht miteinander reden, weil wir damals noch kein Englisch sprachen. Wir weinten, aber er erkannte uns trotzdem nicht. Ich sagte ihm, dass ich seine Schwester sei. Aber er sagte: „Nein, du bist nicht meine Schwester. Meine Schwester ist jemand anderes."

Es war sehr schwer für mich, das zu verstehen. Aber ich dachte: „Okay, ich bin nicht seine Schwester". Meine Tante sagte: „Nimm es nicht so schwer." Als er jedoch hungrig war, kam er zu mir gelaufen, statt zu meiner Tante. Das hat mir gefallen. Ich fühlte, dass uns etwas verband.

Wir drei Geschwister hatten auch glückliche Momente. Wir spielten draußen, rannten durch die Gegend und lachten viel.

Meine Tante arbeitete viel, aber sie verdiente nur wenig Geld. Sie war arm. Ich war das letzte Jahr in der Grundschule und immer noch sehr gut in der Schule. Aber ich war viel älter als die anderen Kinder in meiner Klasse.

Didas mit seinen 5 oder 6 Jahren war zu jung, um zur Schule zu gehen. In Ruanda gehen die Kinder im Alter von 7 Jahren in die Schule. Meine Tante musste zur Arbeit und niemand konnte sich um Didas kümmern. Also fragte ich unseren Lehrer, ob ich meinen Bruder mit zur Schule bringen könnte. Er erlaubte es mir. Ich war sehr schüchtern. Zu dieser Zeit konnte ich noch nicht mit anderen Kindern sprechen und schrieb immer noch auf Papier, wenn ich mit anderen kommunizierte. Ich fing langsam an, mit anderen zu reden. Aber ich konnte noch nicht richtig mit ihnen sprechen. So war es für mich einfach, bei meinem Bruder in der Schule zu bleiben. Ich verbrachte die meiste Zeit mit ihm. In den Pausen spielten die anderen Kinder zusammen, ich aber blieb bei meinem Bruder. Er war ein guter Junge. Um dort bleiben zu dürfen, verhielt er sich ganz still.

Nach zwei Wochen sagte mir unser Lehrer, dass wir eine andere Lösung bräuchten. Denn wenn der Direktor der Schule gesehen hätte, dass Didas bei mir ist, hätte es ein Problem gegeben. Meine Tante fragte den Onkel meines Vaters, ob Didas bei ihm leben könne. Meine Tante war so arm, dass sie merkte, dass sie es nicht schaffte, für uns alle zu sorgen. Sie hatte keine andere Wahl.

Dieser Onkel hatte in Burundi gelebt. Nach dem Völkermord war er nach Ruanda gezogen. Doch er wohnte weit von uns entfernt. Ich musste einen Bus nehmen und es dauerte eine Stunde, bis ich zu ihm kam. Und für den Bus mussten wir Geld bezahlen, doch wir waren arm. Es kam vor, dass ich meinen Bruder manchmal für einen ganzen Monat nicht sehen konnte. Ich war wütend und traurig und fühlte mich schlecht.

Nachdem Didas zu meinem Onkel gezogen war und bei ihm gelebt hatte, wurde er ganz anders. Er führte ein anderes Leben als wir. Mein Onkel war reich. Sie gingen mit Didas schwimmen und zur Schule nahmen sie das Auto. Als Didas etwa 14 Jahre alt war, ging er nach Europa und wuchs mit europäischen Freunden auf. Er hat sich viel mehr an den europäischen Lebensstil gewöhnt.

Meine Brüder Valens (links), Didas und ich.

Wir haben auch heute noch Kontakt zueinander. Aber Didas und ich haben kaum gemeinsame Erfahrungen. Manchmal ist er deswegen sehr traurig. Er hat keine solchen Erinnerungen, wie Valens und ich sie gemeinsam haben. Wir haben fast immer in gänzlich verschiedenen Welten gelebt.

Valens und ich lebten bei meiner Tante in Nyamirambo. Wir hatten nicht viel Platz, wohnten in einem kleinen Haus, alles war eng. Wir waren sieben Kinder, die fünf Kinder meiner Tante, Valens und ich.

Eines Tages kam die Schwägerin meiner Tante zu Besuch. Sie war die Schwester des Vaters ihrer Kinder. Sie war mit einem Franzosen verheiratet und lebte in Frankreich. Sie sah nun, wie wir lebten. Und da beschloss sie, ein Haus für uns zu kaufen, in dem wir mehr Platz hätten. Sie kaufte ein Haus in Gatenga und so kamen wir dorthin. Meine Tante arbeitete hart, sie war nicht reich. Sie putzte für die Europäer. Sie hatte in Europa gelebt und wusste, welche Ansprüche Europäer hatten. So kochte sie auch für sie und erledigte die Hausarbeit. Meine Tante hatte es nicht leicht.

Meine Tante hat immer hart um ihr, das ihrer Kinder und unser Überleben gekämpft. Bei den ganzen Sorgen, die sie hatte, konnte sie nicht auch noch dafür sorgen, dass wir glücklich sind.

Sie hat mich aus dem Waisenhaus geholt. Sie hat mich und meinen Bruder aufgenommen. Sie ermöglichte mir, dass ich zur Schule gehen konnte. Aber sie konnte mir natürlich keine liebevolle Mutter sein.

Sie hatte ja selbst viel verloren, fast ihre ganze Familie. Zum Glück lebten ihre Kinder noch. Aber auch das war etwas völlig Neues für sie und eine echte Herausforderung. Die Kinder waren all die Jahre beim Vater aufgewachsen. Nur weil sie nicht mit der neuen Stiefmutter zurechtkamen, musste sie jetzt ihre fünf Kinder ohne Hilfe allein durchbringen. Und uns zwei noch dazu.

Sie hatte schlicht auch keine Zeit, sich groß um uns zu kümmern. Ich war immer gut in der Schule. Aber ich hatte nie die Gelegenheit, ihr meine guten Arbeiten zu zeigen. Sie hatte keine Zeit, mir zu sagen, wie gut ich etwas gemacht habe. Was das anging, waren wir vollkommen uns selbst überlassen. Sie hat uns zu essen gegeben, ein Dach über dem Kopf und etwas zum Anziehen. Sie hatte keine Zeit, uns Aufmerksamkeit zu schenken. Auch mit ihren eigenen Kindern hatte sie genug zu tun, wobei ich immer das Gefühl hatte, dass sie diese besser behandelte als uns. Das konnte ich damals nicht verstehen, heute kann ich es besser nachvollziehen. Ich mache ihr also überhaupt keinen Vorwurf oder kann nicht sagen, dass sie ihre Sache schlecht gemacht hat. Sie hat gemacht, was sie konnte. Dass sie uns nicht behandelte wie ihre eigenen Kinder, ist eigentlich verständlich. Wahrscheinlich ergibt sich so etwas ganz automatisch, das weiß ich heute.

Und wenn ich vergleiche, wie schlecht es manchen Kindern in Ruanda erging, die gar niemanden hatten, so besaßen wir ein richtiges Zuhause. Aber meine Tante und ich waren uns nie nah, dazu ist es nicht gekommen. Vielleicht lag es auch daran, dass wir sie vorher nicht gekannt haben. Sie lebte nicht mit uns in Museke, sie hat mit uns nicht gemeinsam den Genozid erlebt. Sie war zwar unsere Tante, aber als sie uns aufnahm, war sie uns vollkommen fremd und neu. Wir waren zwar verwandt, aber das hat sich nicht so angefühlt. Das war für uns, und sicher auch für sie, nicht einfach.

Ich ging dann weiter zur Schule. Doch sie stuften mich zurück. Sie sagten: „Sie hatte diese Kopfverletzung und sie redet nicht." Wenn der Lehrer mich etwas fragte, schrieb ich ihm meine Antwort in Kinyarwanda auf Papier. Ich glaube, ich habe insgesamt etwa vier Jahre nicht gesprochen. Ich fing irgendwann an, in meiner Muttersprache mit meiner Tante und den Cousins und Cousinen zu sprechen. Doch ich sprach sehr gebrochen, oder eher wie ein sehr kleines Kind. Ich fand noch nicht zu meiner ursprünglichen Sprache zurück.

In Ruanda gibt es folgendes Schulsystem: die Primary School dauert sechs Jahre. Vor dem Genozid war ich in der fünften Klasse gewesen. Nach dem Genozid wusste meine Tante nicht, was das richtige für mich wäre. Mir war es egal, ob ich in die Schule ging oder nicht. Und so kam ich in die vierte Klasse, obwohl ich schon sehr viel älter als die anderen war.

Doch auch das war mir egal. Auch da hat mich meine Umwelt nicht weiter berührt. Ich fühlte immer noch nichts. Ich lebte wie in einem Film, bei dem ich zuschaute, was vor sich ging. Aber es war immer so, als ginge es mich nichts an. Alles war mir egal.

Wie andere Menschen die Zeit damals empfunden haben, weiß ich nicht. Es hatte sich viel verändert: viele Menschen waren gestorben, die Häuser zerstört und viele hatten schreckliches erlebt. Ich denke, dass die meisten Menschen versuchten, nach vorn zu schauen und anzupacken. Sie arbeiteten hart und versuchten, nicht darüber nachzudenken, was passiert war. Sie hatten genug damit zu tun, ihr Überleben zu sichern. Und sie mussten sich den nun neuen Bedingungen anpassen. Da blieb keine Zeit, sich mit der jüngsten Vergangenheit zu beschäftigen. Das Leben musste weitergehen und ging einfach weiter.

Ich kümmerte mich nicht um meine Mitschüler. Einzig der Lehrer und das, was er sagte, war für mich interessant. Die anderen waren mir egal. Sie sagten: „Oh, sie spricht nicht." Aber egal, was sie taten oder sagten, es ging mich nichts an.

In der Schule war ich gut, ich war immer schnell. Und so bestand ich das Examen und kam in die High School.

Ich weiß bis heute nicht, warum ich nicht sprechen konnte. Vielleicht hatte ich eine Art Schock. Es kann aber auch sein, dass durch die Kopfverletzung das Sprachzentrum angegriffen war.

Auch spätere Untersuchungen, die ich hier in Deutschland machen ließ, konnten darüber keine Auskunft geben.

Aber eines Tages geschah etwas Außergewöhnliches mit mir. Es war im Jahr 1995, ich erinnere mich nicht an den Monat, aber ich war in der Grundschule in Kivugiza. Zu dieser Zeit sammelten sie Flüchtlinge, die zurückkamen, in der Nähe des Sektors, einer Verwaltungsbehörde, die an meine Schule angrenzte. Es gab Soldaten, die den Sektor bewachten. Während der Pause sah und erkannte ich den Mann, der mir mit einer Machete den Kopf aufgeschlitzt hatte. Ich kannte ihn gut, denn er war der Nachbar meiner Tante Therese, die eigentlich in der Nähe dieser Schule wohnte. Ich wurde sofort ohnmächtig. Meine Klassenkameraden begannen mich zu schütteln und fragten mich, was mit mir los sei. Einer der Soldaten, die den Sektor bewachten, Aimable, war mein Cousin. Er sah mich fallen und rannte, um mich hochzuheben. Zum ersten Mal, nach mehr als einem Jahr ohne zu sprechen, "funktionierte" meine Stimme wieder und ich sagte, auf ihn zeigend: "*Uriya mugabo niwe wantemye n' umuhoro*" - "Das ist der Mann, der mich mit seiner Machete verletzt hat.". Alle waren erstaunt, denn niemand in der Gruppe hatte mich je zuvor sprechen hören. Die Stimme kam plötzlich heraus. Aber das war's. Ich habe nicht mehr gesprochen. Aimable trug mich in seinen Armen, ging auf ihn zu und fragte ihn: "Bist du derjenige, der dieses Kind mit einer Machete verletzt hat?" Ich erinnere mich, dass der Mann antwortete: "Ja, ich habe so viele Menschen mit der Machete verletzt. Wenn sie hier in Kivugiza war, dann ist es durchaus möglich, dass ich es war, der sie verletzt hat." Ich erklärte mehr in schriftlicher Form. Er wurde umgehend verhaftet, um ihn vor Gericht zu stellen. Danach wurde ich nach Remera, einem Stadtteil von Kigali, zur psychologischen Beratung gebracht.

Erst in der High School habe ich wieder angefangen zu sprechen. Es muss dort in der zweiten Klasse gewesen sein. Da fingen wir an, Englisch zu lernen, zu lesen und zu sprechen. Für uns alle war

Englisch neu und alle sprachen es noch falsch aus. So hatte ich keine Scheu, selbst wieder mit dem Sprechen zu beginnen. Das stärkte mein Vertrauen. Mit der französischen Sprache dagegen habe ich bis heute Probleme. Die beherrschte ich schon vor dem Völkermord. Bis heute kann ich französische Filme oder die Sprache verstehen oder auch schreiben. Aber ich habe Schwierigkeiten, Französisch zu sprechen.

Englisch war neu für mich und so konnte ich mich darauf konzentrieren. Und dann fing ich wieder an zu reden und baute auch Kontakte zu meinen Mitmenschen auf. Vor allem zu den Mitschülern. Ich war dann 14 oder 15 Jahre alt.

Außer mir waren dort auch andere Tutsi-Kinder, die den Genozid überlebt hatten. Wir haben aber nie darüber gesprochen. Auch mit anderen Menschen habe ich nie darüber gesprochen. Ich habe nie etwas gesagt.

Die Schule, Lycee de Kigali genannt, befand sich in Rugunga, einem Stadtteil von Kigali, die weiter entfernt war als die Grundschule. Grundschulen gibt es in vielen kleineren Ortschaften, aber High Schools nur in den größeren.

Die High School in Rugunga war ein Internat, dort blieb man mehrere Wochen hintereinander. Manchmal ging man am Wochenende nach Hause. Doch dafür brauchte man eine Erlaubnis. Wenn man sagte, dass man ein bisschen krank sei und nicht so viele Aufgaben zu erledigen hatte, wurde es erlaubt.

Meine High School war eine staatliche Schule. Meine Tante konnte dafür natürlich nicht zahlen, aber die Regierung übernahm die Kosten für Waisenkinder. Ich habe damals den Test zur Aufnahme gut bestanden. Mein Bruder hätte auch auf diese Schule gehen können, den Test hat er bestanden, doch er wollte nicht.

Internate waren eigentlich nicht üblich. Aber meine Tante hatte viele Kinder im Haus und da war sie sicher ganz froh, wenn eines weniger war. Wir Kinder mussten im Haushalt viel arbeiten. Wir hatten niemanden, der bei uns zu Hause half. Wir mussten saubermachen und alle Aufgaben erledigen, die zu Hause anfielen. Da blieb natürlich kaum Zeit für Hausaufgaben. Im Internat, wenn ich den ganzen Nachmittag frei hatte, konnte ich viel mehr für die Schule tun.

Mir ist der Abschied nicht schwergefallen. Zu Hause bekam ich nicht viel Aufmerksamkeit, da war es in der Schule nicht viel anders. So konnte ich meiner Tante aus dem Weg gehen und das war zu diesem Zeitpunkt gar nicht so schlecht.

Natürlich hatte ich Schwierigkeiten, wieder ein vertrauensvolles Verhältnis zu anderen Menschen aufzubauen. Durch den Verlust meiner Eltern war ich innerlich immer noch wie taub. Diese Taubheit schützte mich davor, mir ihren Verlust einzugestehen und diesen Verlust in seiner ganzen Fülle zu spüren. Ich kam mit anderen zurecht, aber ich blieb auf Distanz. In meinem Herzen war immer noch die Sehnsucht nach meinen Eltern und sie ist es bis heute.

Erst in der dritten Klasse fand ich in der Schule eine richtig gute Freundin, der ich vertraute und die mich verstand. Delphine war das, was man eine beste Freundin nennt. Sie war wie eine Schwester. Sie hatte, genau wie ich, beide Eltern verloren. Und so hatten wir gemeinsame Erfahrungen und Lebens-umstände.

Sie mochte dieselben Dinge wie ich. Wir teilten alles. Wir hatten dieselbe Größe, also tauschten wir auch unsere Sachen. Mit ihr konnte ich alles besprechen. Wir haben auch miteinander gestritten. Dann hieß es schnell: „Ich rede nie wieder mit dir." Aber nach kurzer Zeit war alles wieder vergessen.

Leider ist sie im Jahr 2013 gestorben. Sie lebte in Kanada und starb an Herzproblemen an dem Tag, an dem sie heiraten wollte. So habe ich auch sie verloren. Ich werde sie nie vergessen, denn sie war eine großartige Unterstützung für mich. Es macht mich traurig, dass wir über unsere gemeinsamen Erinnerungen nicht mehr sprechen können. Ich vermisse sie so sehr.

In unserer Nachbarschaft in Nyamirambo gab es einen Jungen; nennen wir ihn Jacob. Er war zwei Jahre älter als ich. Wir lernten uns kennen, als wir gemeinsam zum Brunnen liefen, um Wasser zu holen. Denn in den Häusern gab es noch kein fließendes Wasser. Man lief am Morgen los und kam irgendwann wieder. So verbrachten wir viel Zeit miteinander. Wir mochten uns.

Meine Freundin Delphine (links) und ich

Als wir uns kennenlernten, war ich elf, er vielleicht dreizehn. Das hatte also nichts mit Liebe zu tun. Wir verstanden uns gut, wir hatten Spaß, wir redeten viel und es fühlte sich wirklich gut an. Wir wurden Freunde im Sinne von guten Kameraden. Es war schön, mit ihm viele verschiedene Sachen ganz offen diskutieren zu können.

Erst später wurde er wirklich mein Freund, da waren wir viel älter. Aber auch das war nichts Intimes. Er war so etwas wie mein bester Freund.

Nach der Beendigung der Primary School schickten seine Eltern ihn auf die High School in ein anderes afrikanisches Land. Viele Eltern versuchten, ihre Kinder ins Ausland zu schicken, damit sie dort eine Ausbildung oder ein Studium absolvierten. Das konnten sich natürlich nicht viele leisten, denn das war sehr teuer. Jacobs Eltern waren begütert, sein Vater arbeitete für die Regierung.

Es war hart für mich, ihn nicht zu sehen. Unter der räumlichen Trennung habe ich sehr gelitten. Ich war sehr traurig. Aber wir hielten unsere Beziehung aufrecht. Wir schrieben uns regelmäßig Briefe. Es waren schon so eine Art Liebesbriefe.

Natürlich war es damals noch nicht so leicht, über Entfernungen hinweg Kontakt zu halten. Es gab noch kein Internet. Deswegen konnten wir uns nur Briefe schreiben, einen oder zwei im Monat. Ich war immer so glücklich, wenn ein Brief von ihm kam. Als ich im Internat auf der High School war, schickte er die Briefe direkt an die Adresse meiner Schule. Ich weiß noch, jeden Morgen, wenn wir alle die Treppen herunterliefen und der Direktor kam, um uns alles Wichtige für den Tag mitzuteilen, verteilte er die Briefe. Und immer, wenn er sagte: „Kayitesi, ich habe einen Brief für dich", war das ein wunderschöner und herrlicher Moment in meinem Leben.

Wir sahen uns dann 2003 wieder, als er von Kamerun zurückkam. Wir waren natürlich beide größer geworden, älter und erwachsener.

Er hatte viel zu tun, seine Großmutter war krank und so war immer viel los. Ich war verliebt in ihn, aber wir hatten nicht viel Zeit, darüber zu reden oder uns oft zu sehen.

Kurze Zeit später hatten seine Eltern für ihn eine Universität in Europa gefunden. Also schickten sie ihn dorthin. Wir hatten gar nicht viel Zeit füreinander gehabt. Wir hatten uns ab und zu gesehen, aber nicht zu oft. Nun war er weg, doch zum Glück gab es dann schon Internet. So konnten wir E-Mails schreiben. Wir waren ein Paar. Er schrieb mir immer: „Du musst auf mich warten."

Nach sechs Jahren ist man in Ruanda mit der High School fertig, dann hat man einen Abschluss, dem Abitur vergleichbar. Damit kann man auf die Universität gehen.

Nach Beendigung der High School war ich schon 21 Jahre alt. Ich hatte, durch den Genozid und meine Verletzungen, einige Klassen wiederholen müssen. Ich lernte dann den Beruf einer Buchhalterin. Es war eine richtige Ausbildung, für die ich eine Schule besuchte. Die Ausbildung habe ich erfolgreich beendet.

Mein Abitur würde hier in Deutschland anerkannt werden, ich könnte damit auf die Universität gehen. Dafür müsste ich aber ein Jahr lang Sprachkurse belegen und hier leben, um die Sprache gut zu beherrschen. Meine Ausbildung zur Buchhalterin wird hier leider nicht anerkannt.

Meine Ehe

Im Jahr 2004, als ich 21 Jahre alt war, traf ich Dieter, meinen späteren Mann. Ich dachte immer noch an meinen Freund Jacob, ich fühlte mich ihm verbunden. Aber er war so weit weg.

Meine Cousine arbeitete für Dieter als Übersetzerin, und eines Tages, als sie einige Dokumente für ihn abgab, begleitete ich sie, weil wir gemeinsam noch etwas unternehmen wollten. Er war Ingenieur und arbeitete in Ruanda. Er stammte aus dem Deutschlands und war schon einmal verheiratet gewesen.

Später trafen wir uns und tranken etwas, und er sagte meiner Cousine, dass er mich mochte. Er war damals etwa 50 Jahre alt, also wesentlich älter als ich. Das war schon etwas schwierig für mich. Aber er gab mir die Aufmerksamkeit, die ich bisher nie gehabt hatte. Er hat mir und meinen Brüdern von Anfang an viel geholfen und uns sogar in den Urlaub mitgenommen. Er sorgte dafür, dass ich eine Englisch-Klasse besuchen konnte. Plötzlich hatte ich moralische und finanzielle Unterstützung. So wurde er schnell ein wichtiger Bestandteil meines Lebens. Außerdem traf er mich in einer ganz bestimmten Situation: Ich hatte gerade die High School beendet, hatte noch keinen Job und wusste nicht so recht, wie es weitergehen sollte. Meine Tante war arm, sie konnte nicht weiter für mich sorgen. Er sorgte für mich, beinahe wie ein Vater.

Da war natürlich noch Jacob. Ihn liebte ich. Ich habe viel über beide nachgedacht, alles hin und her überlegt. Ich habe mir die Entscheidung nicht leicht gemacht. Aber die Möglichkeiten, die mein Mann mir bieten konnte, waren einfach sehr verlockend.

Ob ich eine Zukunft mit Jacob hätte, war sehr ungewiss. Jacob und seine Eltern sind Hutu. Als ich ihn kennenlernte, wusste ich nicht, ob er Tutsi oder Hutu ist. Ich sah nur, dass er ein guter Mensch ist. Und meine Eltern hatten nie darauf geschaut, ob eine Person Hutu oder Tutsi war. Mir war das auch egal. Jeder kann ein guter oder schlechter Mensch sein, egal ob Hutu oder Tutsi. Aber ich merkte schon, dass mein Bruder und auch meine Cousins und Cousinen immer wieder zu mir sagten: „Das kann doch nicht funktionieren. Du solltest dich nicht in ihn verlieben." Wenn wir geheiratet hätten, würde es mich nicht gewundert haben, wenn ein paar seiner Verwandten den Kontakt zu mir abgelehnt hätten. Natürlich spielten auch solche Gedanken eine Rolle in meiner Beziehung zu Jacob, obwohl ich das selber gar nicht wollte. Mir war klar, dass die Tatsache, dass ich Tutsi und er Hutu war, unsere Zukunft in irgendeiner Form und wahrscheinlich negativ beeinflusst hätte.

Also entschied ich mich für Dieter.

Jacob wollte dann nicht mehr mit mir reden, was ich verstehen konnte.

Im Februar 2006, als ich 23 Jahre alt war, haben wir geheiratet. Es war keine Liebeshochzeit, sondern ich fühlte mich bei ihm geborgen und sicher. Er kümmerte sich um mich wie ein Vater um seine Tochter. Das genoss ich sehr, denn elterliche Fürsorge hatte ich, seit dem Tod meiner Eltern, so sehr vermisst. Meine Tante hatte keinen Mann und ich sah immer, wie schwer sie es hatte. Außerdem dachte ich mir, dass ein älterer Mann vielleicht mehr Verantwortung zeigen würde als vielleicht ein jüngerer.

Im Juli 2006 gingen wir nach Südafrika. Dort versuchte mein Mann zu arbeiten. Wir lebten in einem Viertel mit vorwiegend Weißen. Es war jedoch keine bewachte und gesicherte Anlage, sondern ein offenes Viertel. Es war jedem zugänglich. Die Häuser dort waren jedoch sehr teuer. Schwarze konnten genauso gut dort leben, wenn sie genügend Geld hatten und sich die Häuser leisten konnten. Ich weiß aber noch, dass die Nachbarn in der ersten Zeit sehr erstaunt waren mich zu sehen. Wir lebten in Mossel Bay. Ich wollte zum Strand gehen und die Leute schauten mich an und wunderten sich darüber, dass ich hier war. Ich merkte, dass sie mich interessiert beobachteten. Aber nach einer Weile kannten sie mich und wussten, dass ich mit meinem Mann gemeinsam dort lebte. Wir haben dort sogar Freunde gefunden. Es war schön, dort zu leben, sehr ruhig und entspannt. Man konnte auch noch spät am Abend ausgehen und fühlte sich trotzdem sicher.

Später wohnten wir in Kapstadt. Die Stadt ist sehr groß und ich hatte das Gefühl, dass man vorsichtiger sein musste. Ich schaute, dass ich nicht so spät nach Hause kam oder keinen teuren Schmuck trug. Ich kannte das von Ruanda nicht. Ruanda ist ein sicheres Land, da kann man anziehen und tragen, was man will. Kapstadt war viel gefährlicher als andere Städte auf der Welt, in denen man aber auch nicht zu jeder Zeit überall hin gehen kann.

Den Kontakt zu Jacob habe ich immer aufrechterhalten. Wir schrieben uns E-Mails und als ich dann ein Telefon hatte, gab ich ihm die Nummer, als er mich darum bat. Wir telefonierten und ich versuchte ihm klarzumachen, dass jetzt an der Situation nichts zu ändern sei. Ich war zu diesem Zeitpunkt schwanger, hatte dann aber leider eine Fehlgeburt. Aber ich sagte Jacob immer wieder, dass wir leider nichts tun könnten. Wir blieben Freunde. Und das war toll, denn wir kannten uns schon, seit wir Kinder waren. Er kannte mich besser als alle anderen und wusste, was ich denke und fühle.

Wir sind auch heute noch Freunde. Er lebt inzwischen in Belgien, ist verheiratet und hat zwei Kinder. 2013 oder 2014 haben wir uns noch einmal getroffen. Wir hatten uns 2003 das letzte Mal gesehen. Und ich war erstaunt, wie sehr er sich verändert hatte. Er sah vollkommen anders aus und auch anders, als ich gedacht hatte. Aber ich habe mich sehr gefreut, ihn wieder zu sehen. Denn er ist und war eine sehr wichtige Person in meinem Leben.

Ende 2007, also ungefähr ein Jahr später, fand mein Mann einen neuen Job mit einem guten Dreijahresvertrag in Äthiopien. Wir zogen also von Südafrika nach Äthiopien. Meine beiden Jungs wurden in Äthiopien geboren, Carl 2008 und Hans 2009. Wir lebten in Addis Abeba, der Hauptstadt des Landes. Dort wohnten wir ein wenig außerhalb der Stadt, der Teil nannte sich CMC. Die Gegend war ruhig und angenehm. Auch hier lebten viele Ausländer, denn die Gegend war teuer. Es gab noch einige Alteingesessene, die schon immer dort gewohnt hatten. Die neueren Häuser waren für die Einheimischen nicht bezahlbar.

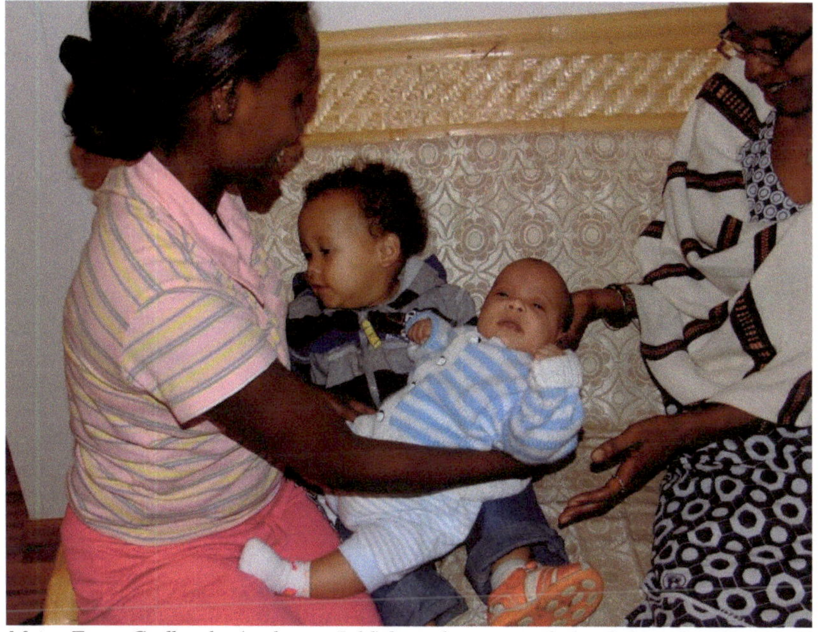

Meine Tante Godberthe (rechts im Bild) besuchte uns nach der Geburt der Kinder.

In Äthiopien fand ich schnell Bekannte und Freunde. Die ruandische Botschaft war nicht weit. Da die „Afrikanische Union" ihren Sitz in Addis Abeba hat, lebten dort auch viele Menschen aus Ruanda. Es bildete sich fast so etwas wie eine Familie, wir feierten Weihnachten und andere Feste gemeinsam. Und Addis Abeba ist nicht so groß. Viele Leute kannten sich untereinander und so konnte man schnell Kontakte knüpfen. Mir machte Addis Abeba einen kleinstädtischen oder dörflichen Eindruck, gar nicht den einer großen Stadt. Dabei hat es heute mehr als drei Millionen Einwohner.

Hier lernte ich auch Suzanne Nyinawandoli kennen, sie war damals Mitte fünfzig. Sie arbeitete bei der „Afrikanischen Union". Sie wurde wie eine Mutter für mich. Das war ganz erstaunlich und veränderte mein Leben. Denn sie gab mir tatsächlich das Gefühl, als hätte ich eine Mutter. Und sie behandelte mich auch so, wie ich mir vorstellte, dass eine Mutter ihr Kind behandeln würde. Eigentlich habe ich mir mein ganzes Leben, seit meine Eltern tot waren, nichts mehr gewünscht, als Eltern zu haben. Und im Grunde genommen ist das auch heute noch mein allergrößter Wunsch.

Es dauerte sehr lange, bis ich akzeptierte, dass meine Mutter tot war. Ich ging lange Zeit hinter Frauen auf der Straße her und wenn sie sich umdrehten, sah ich ihre Gesichter und war enttäuscht, dass es nicht meine Mutter war.

Als ich mit meinem ersten Kind schwanger war, half mir Suzanne sehr. In unserer Kultur, wenn eine Frau ein Kind bekommt, gibt es eine Dankeszeremonie, die gewöhnlich von der Mutter durchgeführt wird. Die Mutter bringt bereits zubereitete Speisen, Getränke, einige Geschenke für das Kind, Milch und Banane mit und die Tochter lädt ihre Freunde und ihre Familie zum gemeinsamen Essen ein. Ich dachte, dass meine Mutter kommen würde, weil ich nicht glauben konnte, dass sie tot war. Aber sie kam nicht. Da wurde mir klar, dass sie nie zurückkommt. Da wusste ich, dass sie, wenn sie noch am Leben wäre, bei der Geburt meines

Kindes dabei gewesen wäre. So wurde Suzanne für mich die Mutter, die ich nicht mehr habe.

Inzwischen lebt Suzanne wieder in Ruanda. Als ich das letzte Mal dort war, besuchte ich sie. Ich sagte meinem Cousin, dass ich vier Tage eine Freundin besuchen würde. Ich konnte ihm ja nicht sagen, dass ich meine Mutter besuche. Auch wenn sich das für mich so anfühlt. Aber mein Cousin ist in meinem Alter und er weiß, dass ich zu meiner Tante nie „Mama" gesagt habe. Bei Suzanne hat sich das automatisch ergeben, auch nicht schnell, sondern einfach mit der Zeit. Ich kann es auch nicht erklären.

Suzanne und ich

Als ich das letzte Mal bei ihr war, verbrachten wir eine schöne Zeit miteinander. Sie weckte mich am Morgen, ging dann in die Kirche und danach frühstückten wir. Und wir redeten. Dann unternahmen wir etwas, fuhren ins Restaurant mit einem wunderschönen Garten und redeten. Wir hatten eine so schöne Zeit, dass ich mir wünschte, sie würde nie zu Ende gehen.

Unser Verhältnis hat sich nicht geändert. Es ist heute noch so wie damals. Wir schreiben uns E-Mails oder Nachrichten. Sie ist inzwischen pensioniert, denn sie ist schon über 60. Aber sie fährt noch Auto und es geht ihr sehr gut. Sie ist geschieden, das war sie damals schon, und hat vier Töchter. Diese leben in Kanada. Im Sommer besucht Suzanne immer ihre Töchter. Den Winter verbringt sie in Ruanda.

Reden war für meinen Mann und mich nicht einfach, weil mein Englisch nicht gut war und er meine Sprache nicht sprach. Aber ich war glücklich, dass ich jemanden getroffen hatte, der sich für mich und meine Geschichte interessierte. Als mein Englisch nach dem Kurs besser war, hat er viel über den Genozid wissen wollen und welche Erfahrungen ich gemacht habe. Ich erzählte ihm viel, aber nicht die ganze Geschichte.

Als ich meinen Mann kennenlernte, war ich jung und unbedarft. Ich ließ mich von ihm leiten und war mit allem einverstanden. Er kümmerte sich um alles und ich ließ ihn machen. Er war wie ein Vater für mich und behandelte mich natürlich in vielen Dingen auch wie ein Kind. Das hat mich zu Anfang überhaupt nicht gestört. Im Gegenteil: ich fand es toll, dass es jemanden gab, der das alles für mich übernahm. Er im Gegenzug musste mich nicht fragen, was ich wollte, was für ihn auch sehr bequem war. So konnte er alles so machen, wie es ihm gefiel. Es gab nie Diskussionen.

Doch als wir dann Kinder hatten, begann ich anders zu denken. Nun standen meine Kinder und ihre Zukunft und ihre Sicherheit im

Vordergrund. Und so wollte ich meine Meinung in Entscheidungen, die uns betrafen, einbringen und machte mir selbst viel mehr Gedanken. Ich begann mich dafür zu interessieren, wie unsere Lage ist, ob wir gut mit dem Geld hinkommen usw. Ich forderte ein Mitspracherecht. Das führte zu Konflikten und vielen Auseinandersetzungen. Mit der Zeit merkte ich, dass wir deshalb immer weniger gut miteinander klarkamen. Aber ich konnte nicht anders handeln.

Ab dann wurde unser Verhältnis schlechter. Er arbeitete viel und reiste häufig in die Dörfer. Ich fühlte mich, als gäbe es keine Verbindung mehr zwischen uns.

Auch die kulturellen Unterschiede machten sich mehr und mehr bemerkbar. Und natürlich der Altersunterschied. Aber ich ließ vieles durchgehen, weil ich mir sagte: „Er ist kein Afrikaner, er ist Europäer. Und er ist schon älter als ich." Er wurde auch eifersüchtig und verhielt sich zunehmend egoistischer.

Besonders schwierig wurde es, als ich unseren zweiten Sohn, Hans, zur Welt brachte. Wir lebten zu dieser Zeit in Äthiopien. Gegen 10 Uhr morgens brachte mich unser Fahrer ins Krankenhaus. Dort traf ich die Hebamme aus Deutschland. Sie rief meinen Mann an und sagte: "Ihr Sohn wird heute kommen. Sie müssen hier sein." Doch er antwortete nur: "Nein, sagen Sie mir Bescheid, wenn er da ist." Die Hebamme war überrascht. Bei der Geburt unseres ersten Sohnes hatte er draußen gewartet, und ich hatte auch gewollt, dass er da war. Aber dieses Mal blieb er im Büro.

Nachdem ich Hans hatte, war ich den Tränen nahe und sehr traurig. Ich habe nicht verstanden, was passiert war. Mein Mann kam dann ins Krankenhaus. Eine Freundin von mir war zu Besuch. Sie war gekommen, um das Baby zu sehen. Er ging dann gemeinsam mit meiner Freundin und wollte mit einigen deutschen Freunden ausgehen, um ein Bier zu trinken und um die Geburt seines zweiten

Sohnes zu feiern. Meine Freundin bot an, sich um Karl zu kümmern und mir ins Krankenhaus etwas zu essen zu bringen. Wir hatten einen Babysitter, aber das war eine gute Idee. Mein Mann war einverstanden.

Am nächsten Tag kam meine Freundin zu mir ins Krankenhaus und sagte mir, dass sie nicht bei uns bleiben kann. Sie erzählte mir auch, was passiert war: Mein Mann hatte ihr gesagt, dass er sie nicht absetzen könnte, bevor er seine Freunde besucht habe und dass sie einfach mitkommen sollte. Sie kamen gegen 1 Uhr morgens nach Hause. Meine Freundin ging ins Gästezimmer und er kam ihr nach und versuchte, sie zu küssen. Sie wollte das nicht.

Und das war nicht das erste Mal, dass er mich betrog. Als wir noch in Ruanda lebten, war er nach Südafrika gegangen, um seine Kinder zu besuchen. Zu dieser Zeit hatte ich gerade ein Restaurant eröffnet und musste arbeiten. Also konnte ich ihn nicht begleiten. Manchmal rief ich ihn nachts an, aber er ging nicht ans Telefon. Ich habe mir nichts dabei gedacht. Aber als wir nach Südafrika zogen, sagte mir eine Nachbarin: "Du hast deine Haare seit deinem letzten Besuch so verändert." Dabei war ich noch nie dort gewesen.

Also ging ich an seinen Computer und fand Bilder von ihm mit einer anderen Frau. Zu dieser Zeit waren wir bereits verheiratet. Ich war sehr traurig. Ich stellte ihn zur Rede und er entschuldigte sich und bat mich, ihm zu vergeben. Damals habe ich ihm wirklich vergeben und es vergessen.

Aber dieses Mal war es schwer, ihm zu vergeben. Ich sagte zwar: "Ja, ich vergebe dir", aber ich habe mich erstmals gefragt, ob ich es mit den beiden Kindern, die ich jetzt hatte, allein schaffen könnte. Das schien mir so schwer. Also blieb ich bei ihm und wusste, dass dies das Beste für meine Kinder war.

Mein Leben in Deutschland seit 2010

Später kamen wir nach Deutschland. Das war im Februar 2010. Sein Vertrag in Äthiopien war ausgelaufen. Und da die Kinder größer wurden, beschlossen wir, dass sie in Deutschland aufwachsen sollten. Sie sollten hier richtig Deutsch lernen, das wäre besser für sie. Wir zogen zunächst in die Nähe von Stuttgart, dort hatte mein Mann studiert. Dann bekam er den Job in Freiberg in Sachsen. Freiberg ist nur eine kleine Stadt. Aber an der Universität sind viele afrikanische Studenten.

Ich holte Grace zu mir nach Deutschland. Grace ist die Tochter meiner Cousine Ange, die während des Völkermordes umkam. Grace hatte als Baby überlebt. Grace lebt heute noch in Freiberg. Sie hat heute selbst einen kleinen Sohn und ist nicht verheiratet.

Grace (links als Kind, noch in Afrika, rechts erwachsen in Deutschland), die Tochter von Ange, meiner ältesten Cousine. Sie hat heute selbst einen kleinen Sohn (rechtes Bild).

Hier in Deutschland traf ich auf eine Gemeinschaft der Zeugen Jehova. Das war nicht schlecht, es hat mir dort recht gut gefallen. Ich ging zu den Gottesdiensten und integrierte mich in die Gemeinde.

Zu dieser Zeit habe ich viel über meine Ehe nach-gedacht und auch mit den Zeugen Jehovas darüber gesprochen. Sie erinnerten mich an die Bibel und dass man einen Bund, der vor Gott geschlossen wurde, nicht trennen sollte. Doch ich habe meine eigene Entscheidung getroffen.

Ich stellte für mich fest, dass ich meinen eigenen Weg habe, mit Gott umzugehen. Ich glaube an Gott. Aber ich habe meinen eigenen Kopf und ich brauche keine Kirche, die mir sagt, was ich glauben und machen soll.

Für meine Eltern war die Religion sehr wichtig, sie glaubten an Gott und die Erlösung und all das. Aber ich habe in meinem Leben schon so viel erlebt. Ich habe nicht das Gefühl, in die Fußstapfen meiner Eltern treten zu müssen oder zu können. Und ich weiß nicht, wie meine Eltern heute denken würden, wenn sie noch lebten. Trotzdem würde ich mein eigenes Leben leben und sie ihres. Das wäre auch nicht anders. Und jeder müsste auch seine eigenen Entscheidungen treffen.

Wenn man etwas genau so macht, wie es die Eltern getan haben, kommt es immer darauf an, ob man es macht, weil man es mag oder ob man glaubt, dass man dazu verpflichtet ist. Das ist der große Unterschied. Wenn man es mag, dann sollte man es machen. Wenn nicht, dann nicht! Man ist ja nicht eine Kopie der Eltern. Auch Zwillinge beispielsweise sind nie identisch, sondern immer unterschiedliche Menschen mit unterschiedlichen Ansichten.

Hier in Deutschland war ich wirklich von meinem Mann abhängig. Er ließ mich nichts allein machen. Er brachte mich mit dem Auto überall hin. Einen Deutschkurs sollte ich nicht machen, das würde so viel Geld kosten. Er arrangierte, dass ich eine Ausbildung als Putzfrau absolvierte. Aber ich kann so viel mehr als das. In Ruanda wollte ich zur Universität gehen.

Die Ausbildung an sich war nicht schlecht, mir gefiel die Schule und wir haben einiges gelernt. Nach drei Jahren habe ich die Ausbildung erfolgreich beendet.

Im August 2016 hatte ich einen Job in Waldshut gefunden. Deshalb zogen wir hierher. Ich hatte ein Zertifikat als ausgebildete Reinigungskraft. Es war leicht für mich einen Job zu finden. Es war ein gutes Team, in das ich kam. Mein Problem war, dass ich keinen Führerschein hatte. Den wollte ich machen, doch fehlte mir noch das Geld.

Unsere Beziehung war damals schon sehr schwierig. Zuerst kam ich allein mit den Kindern her, und er folgte später. Ich hatte ihm gesagt, dass er nicht unbedingt kommen müsste. Er sollte nur kommen, wenn er es wirklich wollte. Doch er beteuerte mir, dass er mit uns zusammen sein wolle. Er überredete mich, es noch einmal mit ihm zu versuchen, obwohl ich ihm gesagt hatte, dass ich uns nicht mehr als Paar betrachte.

Ich war außerdem mit meinem Job nicht zufrieden. Ich wollte etwas anderes machen. Mir lag es daran, einen Deutschkurs zu besuchen, damit ich mit den Menschen reden kann.

Dann wurde es schwierig, denn nur ich verdiente Geld. Er war arbeitslos. Wir mussten für alles zahlen. Er beteiligte sich jedoch nicht an den Kosten. Ich hatte eigentlich schon ein wenig Geld gespart, um den Führerschein machen zu können. Das musste ich dann verwenden, um all die offenen Rechnungen zu begleichen.

Eines Tages erzählte er mir, dass er als Freiwilliger nach Lesotho gehen wolle und mich mit den Kindern für drei Wochen allein in unserer Wohnung lassen müsse. Ich fand das sehr egoistisch, musste ich doch arbeiten und trotzdem auf die Kinder aufpassen. Eine Freundin konnte mir zum Glück zwei Wochen lang helfen, auf die Kinder aufzupassen. Für eine Woche bat ich um Urlaub.

An dem Tag, als mein Mann nach Lesotho wegging, war plötzlich der Strom in unserer Wohnung abgeschaltet. Als mein Sohn Hans an diesem Tag nach Hause kam und sein Essen aufwärmen wollte, gab mein Mann ihm einen Zettel und sagte ihm, dass der Strom wieder da wäre, wenn Mama kommt. Dann verschwand mein Mann. Als ich am Abend nach Hause kam - es war September - saßen meine beiden Jungs hungrig und frierend auf der Couch. Sie erzählten mir, was mein Mann gesagt hatte und gaben mir den Zettel. Ich rief die auf dem Schreiben angegebene Nummer an und stellte fest, dass der Strom abgeschaltet wurde, weil die Rechnungen nicht bezahlt worden waren. Alle Rechnungen liefen auf meinen Namen. Nach drei Tagen gelang es mir, die Stromversorgung wiederherzustellen. Bis jetzt schulde ich noch einigen meiner Freunde Geld, die mir geholfen haben.

In meiner Not wandte ich mich an meine Chefin, eine sehr starke und beherzte Frau. Sie war keine Freundin, aber manchmal ist es leichter, mit Problemen zu einem eher Fremden als zu einem Freund zu gehen. Sie gab mir den Tipp mit dem Frauenhaus. Ich war so froh, dass sie mir helfen wollte. Also ging ich ins Frauenhaus nach Lörrach. Zu dieser Zeit hatte ich mich entschieden, dass ich mich von meinem Mann trennen muss. Wir blieben drei Monate dort. Dann konnten wir wieder in die Wohnung, weil er ausgezogen war.

Ich weiß heute, dass es wahrscheinlich ein Fehler war, meinen Mann zu heiraten. Aber das lässt sich nicht wieder rückgängig machen. Ich habe ihm jetzt gesagt: Ich bin nicht deine Feindin. Lass uns der Kinder wegen zusammenarbeiten. Unsere Kinder brauchen beide

Eltern. Auch wenn wir Beide nicht gleichzeitig für sie da sein können, hat doch jeder seinen Platz im Herzen der Kinder.

Wir sind nicht geschieden. Aber wir haben auch keine deutsche Eheurkunde, weil wir nicht hier geheiratet haben. Er hat all unsere Papiere und ich weiß nicht, was ich zu einer Scheidung brauche. Vielleicht geht es irgendwie, ich muss sehen. Ich habe eine Anwältin aus dem Nachbarort angerufen und wir haben uns getroffen. Sie hat gesagt, dass sie mir helfen will, mich scheiden zu lassen. Ich weiß nicht, was mein Mann jetzt vorhat. Er ist 63 Jahre alt.

Rückblickend hat mein Mann viel für mich und meine Familie getan. Meine Brüder haben sehr von seiner Hilfe profitiert und konnten studieren und sich ein eigenes Leben aufbauen. Auch dass Grace damals nach Deutschland kommen konnte, ging nur mit seiner Hilfe. Dafür bin ich ihm sehr dankbar.

Wir haben in unserer Beziehung sicher beide Fehler gemacht. Wenn er mir mehr Freiräume bei der Integration in Deutschland gegeben und akzeptiert hätte, dass auch ich ein gleichwertiger Teil unserer Beziehung bin, wäre vieles sicher besser gelaufen. Wenn ich die Möglichkeit gehabt hätte, meine Fähigkeiten auszuschöpfen und mich zu entfalten, wäre ich glücklich gewesen.

Besuch in Ruanda – Rückkehr nach Museke

Ich bin nun schon ein paar Mal wieder in Museke gewesen, in meinem Heimatdorf. An unsere Familie erinnert dort nichts mehr, die Farm ist weg. Das Gras ist inzwischen noch höher gewachsen. Aber ich fühle mich dort trotzdem ein bisschen wie „zu Hause". Es steht zwar kein Haus mehr, aber das Land ist noch da, das uns gehört, der Garten, in dem wir gespielt haben. Meinen Brüdern und mir gehört das Land nach wie vor. Wenn ich dort bin, sitze ich gern für eine halbe Stunde im Garten, ich fühle mich dem Land verbunden. Ich kann das Land nicht verkaufen, obwohl ich nicht sagen würde, dass dort meine Heimat ist.

Meine Brüder haben schon oft gesagt, ich soll es verkaufen, wir leben doch alle in Europa.

Valens lebt in Frankreich, ist verheiratet und hat ein Kind. Mit seinem Schicksal konnte er vor allem fertig werden, nachdem er ein Buch in französischer Sprache mit dem Titel "Vivant!" - " Am Leben!" geschrieben hatte. Er sagt, dass er sich nach dem Schreiben seines Buches ein wenig von der schweren Last erlöst fühlte, die er immer getragen hatte.

Didas lebt auch in Frankreich, aber immer noch mit seinem Trauma. Er war ein einjähriges Baby, als unsere Eltern getötet wurden. Er hat Narben von der Machetenwunde an seinem Hals, die ihm die Mörder zufügten, als unsere Mutter ihn auf dem Rücken trug. Sie hatten auch seinen Arm verletzt, in dem er ein medizinisches Implantat zur Stabilisierung trägt. Bis heute leidet er darunter, dass er nicht einmal das Gesicht seines Vaters und seiner getöteten Geschwister kennt. Wir haben keine Fotos von ihnen. Obwohl es eine Strategie der Mörder war, alle Fotos zu verbrennen, um alle

Spuren von Tutsi zu vernichten, war damals in meinem Dorf ein Foto nicht etwas Alltägliches, wie es heute ist.

Meine Brüder leben schon so lange in Europa, sie wollen auf keinen Fall zurück nach Ruanda. Natürlich lebt meine Tante noch, aber sie ist unsere Tante und nicht unsere Mutter. Ich finde nicht die Kraft, das Land zu verkaufen. Es gibt eine Verbindung, aber ich kann sie nicht beschreiben.

Ich denke, dass auch ich nicht nach Ruanda zurückkehren werde. Ich habe vielleicht zu viele Erinnerungen. Und meine Kinder sind Deutsche und ich möchte auch meine Enkel aufwachsen sehen und da wäre ich in Ruanda zu weit weg. Meine Kinder haben ihr Leben hier.

Aber ja, wenn ich vielleicht ganz alt bin, meine Kinder mich nicht mehr brauchen oder sich nicht um mich kümmern können und ich dann immer noch lebe, vielleicht gehe ich dann dorthin zurück.

Ich muss auch meine Tante mal wieder besuchen. Doch ich merke immer, wenn ich dort bin, sind mir zwei Wochen genug. Dann reicht es mir, dann habe ich das Gefühl, ich kann nicht länger bleiben. Ich freue mich immer, meine Tante und meine Cousins und Cousinen zu sehen. Vor allem einer von ihnen, der genauso alt ist wie ich, steht mir besonders nah, denn wir sind gemeinsam aufgewachsen. Er ist wie mein Bruder. Und es ist natürlich schön zu sehen, wie ihre Kinder wachsen und gedeihen.

Bei einem meiner letzten Besuche in Ruanda traf ich eine der Frauen, die uns im Waisenhaus " Foyer des hirondelles" betreuten, und sie war erstaunt, als ich sie ansprach. Sie rief mit einer Stimme voller Emotionen aus: "Aber, aber ... du kannst doch sprechen! Bist du es wirklich, Kayi?" Die gleiche Reaktion habe ich auch von Rachel, der Tochter des Besitzers dieses Waisenhauses. Als mein

Buch herauskam, suchte sie nach meinen Kontakten und als ich mit ihr am Telefon sprach, konnte sie kaum glauben, dass ich es war.

Mein Bruder Valens empfindet das anders. Er sagt, die Tante ist die Tante. Für mich ist meine Tante natürlich auch nicht meine Mutter, aber ich bin bei ihr aufgewachsen.

Für mich ist es heute schwierig, mit ihr in Verbindung zu bleiben. Sie benutzt kein Smartphone und keinen Computer. Wenn ich mit ihr telefonieren will, muss ich eine Karte kaufen. Und dann hört sie auch noch schlecht. Es ist also wirklich nicht einfach. Sie lebt heute in Gatenga. Das ist der Ort, an dem sie vor dem Genozid lebte. Gatenga ist ein Teil von Kigali und fast wie eine Kleinstadt. Inzwischen sind viele Teile des Landes besser erschlossen, es gibt Strom und fließendes Wasser.

Vergessen und vergeben

Ich habe mich inzwischen intensiv mit meiner Vergangenheit befasst. Und ich kann heute sagen: Ich kann vergessen, was damals passierte. Das ist ganz leicht. Lassen wir es hinter uns. Heute sage ich zu den Leuten: „Lebe dein Leben, ich lebe meines, das ist ok." Ich kann alles vergessen und vergeben im Sinne, dass ich nicht weiter nachtragend bin. Jeder soll in Frieden leben.

Die Regierung hat immer wieder betont, wie wichtig es ist zu vergeben. Das mag sein. Ich kann auch sagen: „Ich vergebe ihm."

Aber ich kann nicht vergeben, dass sie in mein Haus gekommen sind und meine ganze Familie getötet haben.

Aber wenn jemand, genau wie ich damals, ein Kind war, kann ich ihn doch nicht dafür verantwortlich machen, was damals passierte. Dann ist er genauso unschuldig, wie ich es bin. In Museke gab es eine Hutu-Familie, die alle Sachen aus unserem Haus geholt und für sich behalten hatten. Sie hatten also alles, was uns gehörte, gestohlen, bevor das Haus abgebrannt wurde. Die Familie ist dann, nach dem Genozid, geflüchtet, und im Kongo größtenteils umgekommen, vielleicht aus Hunger, wegen Krankheiten oder aus anderen Gründen. Nur einer der Söhne hatte überlebt. Er war so alt wie mein Bruder Phokas. Er war zum Zeitpunkt des Genozids noch sehr jung, er hatte also nichts getan.

In Museke gab es dann ein „Gaçaça". Dies ist ein traditionelles dörfliches Gerichtsverfahren. Der Junge sollte nun für das Verhalten seiner Familie zur Rechenschaft gezogen werden. Wenn er nicht in der Lage gewesen wäre, mir den Schaden zu bezahlen, hätte er ein Stück seines Landes verkaufen müssen, um seine Schulden zu tilgen.

Doch dieser Junge war ein Waisenkind wie ich. Und er war so jung. Er hatte doch mit den Taten seiner Eltern nichts zu tun. Ich war damals bei der Verhandlung mit dabei. Ich erinnere mich, dass ich gerade mit Hans schwanger war. Ich sah den Jungen, der selber nichts hatte. Wie sollte er überleben, wenn er sein Land verkaufen musste, um mich zu bezahlen?

Deshalb sagte ich zu dem Jungen: „Ich vergebe dir. Ich brauche dein Geld nicht. Ich brauche auch nichts von dem wieder, was du hast. Behalte die Sachen und lebe dein Leben. Ich vergebe dir. Du hast damit nichts zu tun."

Dann ging ich. Die Leute, die dort waren, waren sehr ärgerlich und wütend auf mich. „Warum hast du ihm vergeben? Warum hast du nichts von ihm genommen? Bist du reich, weil du einen Europäer geheiratet hast?"

Doch das war nicht der Grund. Ich hatte nicht zu viel Geld. Ich habe an den Jungen gedacht. Wie sollte ich ihn für die Sünden und die Vergehen seiner Eltern bezahlen lassen? Das konnte ich nicht.

Jedoch möchte ich ihn aber auch nicht zum Freund haben. Ich kann ihn verstehen, er war jung, aber das ist alles. Weiter möchte ich mit ihm und der Sache nichts zu tun haben.

Vergeben bedeutet für mich, dass ich verstehe, wie jemand anderes sich fühlt und ich Mitgefühl habe für seine Situation.

Ich kann jedoch nicht vergeben, als wäre nichts geschehen. Das geht nicht. Ich lasse es deshalb hinter mir.

Vielleicht können meine Kinder einmal mit dessen Kindern befreundet sein. Vielleicht. Ich weiß es nicht.

Und es macht einen Unterschied, ob ich hier bin oder in Ruanda. Hier in Europa kann ich mit einem Hutu befreundet sein. Es bleibt vielleicht so ein kleiner Rest, etwas, das mich daran hindert, einem Hutu voll und ganz zu vertrauen. Ich weiß nicht, ob ich mit einem Hutu in Ruanda befreundet sein könnte. Das wäre etwas anderes. Hier dagegen können wir jeder unser neues Leben leben, das ist in Ordnung.

Die Folgen des Genozids

Der Völkermord hat mein Leben entscheidend verändert. Er hat das Leben, das ich eigentlich gehabt hätte, zerstört. Ich verstehe bis heute nicht, warum Hutu in meinem Land ihre Tutsi Nachbarn getötet haben. Ruanda ist so ein kleines Land. Alle sprechen die gleiche Sprache, Hutu und Tutsi unterscheiden sich optisch nicht voneinander. Ich kann immer noch nicht verstehen, warum man so etwas tun konnte.

Der Genozid beeinflusste meine Sprachentwicklung massiv. Ich hatte eine schwere Kopfverletzung, bei der ein Schnitt die Nerven auf der einen Seite des Kopfes durchtrennte. Das führte dazu, dass ich meine Sprachfähigkeit verlor. Ich konnte 4 Jahre nicht sprechen. Dann fing ich an, wie ein kleines Kind zu reden. Durch den Völkermord wurde meine Schulzeit unterbrochen, ich verlor meine Eltern, die für mich da waren und die mir Unterstützung und Förderung zukommen ließen, die ein Kind braucht, um sich weiterzuentwickeln.

Ich habe auch heute noch mit den Folgen der Verletzungen zu kämpfen. Wenn mich jemand erschreckt oder laut mit mir spricht oder mich anschreit, dann bin ich wie gelähmt. Dann kann ich mich nicht mehr rühren. Dann kann ich auch nicht sprechen. Wenn ich Angst habe, kann ich nicht schreien, wie andere Menschen das machen würden.

Als ich jetzt angefangen habe zu arbeiten, habe ich ab und zu Fehler gemacht. Dann hat mich der Chef auch mal angeschrien. Das war schrecklich für mich. Denn zuerst kann ich gar nichts mehr tun. Und dann bin ich so nervös, dass ich noch viel mehr Fehler mache, weil ich mich nicht konzentrieren kann.

Als erstgeborenes Kind übernahm ich die Rolle meiner Eltern, um meine zwei Brüder zu pflegen und zu unterstützen. Man muss bedenken, dass ich selbst noch ein Kind war.

Ich träumte als Kind davon, Arzt zu werden. Ich wollte kranken Menschen helfen, vor allem meinem Vater, der sich bereits einer schweren Bauch-operation unterziehen musste. Der Genozid hat diesen Traum zunichte gemacht.

Nach dem Völkermord war alles am Punkt Null. Der Mann, der in mein Leben kam, war mein Förderer. Später entwickelten sich romantische Gefühle und ich heiratete ihn. Diese Ehe war trotzdem eine Zweckgemeinschaft, deren Basis nicht die Liebe war. Der Altersunterschied war beträchtlich, aber ich nahm ihn auch deshalb in Kauf, weil ich bei ihm das Gefühl hatte, sicher zu sein. Er sorgte für mich wie ein Vater für seine Tochter. Ich habe ihn nicht des Geldes wegen geheiratet. Ich wollte einen Vater haben und er hatte in seiner Art etwas Väterliches.

Eigentlich bin ich schon die ganze Zeit auf der Suche nach meinen verlorenen Eltern und einem Menschen, der mir elterliche Liebe geben kann. Auch meine Kinder haben keine Großeltern, was ich für sie sehr bedaure. Denn es gibt so viele Situationen, in denen man über die Hilfe aus der Familie sehr froh ist. Ich wünschte mir so sehr, eine Mutter zu haben. Es geht so weit, dass ich mir manchmal wünsche oder davon träume, dass mich jemand adoptiert.

Meine adoptierte Tochter Carine

Ich habe ein kleines Mädchen adoptiert, Carine, die Tochter von Musanabwiza Marie Louise. Marie Louise hat den Genozid überlebt, starb jedoch 2013. Carine ist jetzt 12 Jahre alt und lebt bei Verwandten in Ruanda. Leider ist es mir zurzeit nicht möglich, sie zu mir zu nehmen, ich würde dies jedoch gern tun. Ich denke oft an sie.

Ich bedauere, die Liebe meines Lebens nicht geheiratet zu haben. Er war zum Studium nach Europa gegangen. Ich konnte nicht mit ihm zusammen sein, ich vermisste ihn so sehr. Als er seine Studien abgeschlossen hatte und zurückkam, war er sehr enttäuscht, dass ich bereits mit einem anderen verheiratet war und wir die Zukunft nicht zusammen verbringen konnten. Das tut mir sehr leid.

Ich habe schon vieles in meinem Leben erlebt, was andere Menschen nie erleben werden. Doch ich weiß eines: Wenn ein Mensch geboren wird, entscheidet er nicht, ob er weiß, schwarz oder gelb sein möchte. Bei der Geburt kann man auch nicht wählen, welcher Gruppe oder Religion man angehören möchte.

Menschen sind wie die Farben von Rosen: es gibt verschiedene, aber alle sind schön. Gäbe es nur eine, wäre es langweilig.

Als Menschen müssen wir das Leben respektieren und es nutzen. Das Leben ist wunderschön.

In meinen Augen ist Ruanda heute insgesamt auf einem guten Weg. Wenn ich die Situation vor und nach dem Völkermord vergleiche, ist heute vieles besser als damals. Damals durften Tutsi nur die Primary School besuchen. Heute dürfen Hutu und Tutsi alles. Natürlich darf man sich über den Präsidenten nicht lustig machen. Aber das kann man in keinem afrikanischen Land.

Afrika ist anders als beispielsweise Europa. Für afrikanische Verhältnisse ist Ruanda ein gutes Land. Und das sollte man meiner

Meinung im Auge behalten. Es ist vor allem ein sicheres Land, ganz im Gegensatz zu anderen afrikanischen Ländern. Mein besonderer Dank geht deshalb an Seine Exzellenz den Präsidenten von Ruanda, Paul Kagame. Nach dem Völkermord arbeitete er daran, in ganz Ruanda für Recht und Ordnung zu sorgen. Nach dem Genozid in Ruanda hat es viele wirtschaftliche, soziale und infrastrukturelle Entwicklungen gegeben.

Ruanda gilt heute als „die Schweiz Afrikas" und ist eines der wachstumsstärksten Länder Afrikas.

Wie ich auf die Idee kam, ein Buch zu schreiben

Zu einem bestimmten Zeitpunkt wollte ich meine Geschichte für meine Kinder schreiben. In der Mitte meines Zeugnisses hatte ich ernsthafte Probleme, so dass ich eine Therapie brauchte. Ich ging an die Universität Konstanz und lernte Eva Barnewitz kennen, eine außergewöhnliche Frau. Ich erzählte ihr meine Geschichte. Ich bestand darauf und sagte ihr, dass der Moment, der mich am meisten leiden ließ, der war, als ich darüber schreiben wollte, wie ich mit 11 Jahren von einer Machete verletzt wurde, ohne etwas Unrechtes getan zu haben, und dass ich in diesem Moment nicht weiterschreiben konnte. Sie sagte zu mir: "Sie brauchen keine Therapie. Sie sind gesund. Sie brauchen nur jemanden, der Ihre Geschichte aufschreibt." .

In einer lokalen Zeitung bekam ich die Telefonnummer von Claudia Puszkar, die Biografien für Leute schreibt, die es wünschen. Ich rief sie an und stellte fest, dass sie nicht weit von meinem Wohnort entfernt wohnte. Bald trafen wir uns. Ich erzählte ihr meine Geschichte als Überlebende des Völkermordes an den Tutsi in Ruanda und erklärte ihr, dass ich bereits etwa 70 Seiten auf Englisch geschrieben hatte, dass ich aber jemanden brauchte, der das auf professionelle Art und Weise machen konnte. Sie sagte mir sofort, dass sie sich wünscht, dass meine Geschichte ihren deutschen Mitbürgern erzählt wird. So wurde aus der Idee, meinen Kindern zu schreiben, ein Buch für andere. Ich schickte ihr die Seiten, die ich geschrieben hatte. Sie übersetzte sie ins Deutsche und stellte mir dann zusätzliche Fragen. So wurde es ein Buch auf Deutsch. Mein Gefühl ist nun, dass das Schreiben oder Erzählen einer solchen traumatischen Geschichte ein Heilungsprozess an sich ist.

An alle ruandischen Überlebenden

Ich habe eine Botschaft an alle Überlebenden des
Völkermords an den Tutsi 1994 in Ruanda, die
die Gelegenheit haben, ihre Geschichte
aufzuschreiben: HABT DEN MUT DAZU!
Die Geschichte muss dokumentiert werden
und für künftige Generationen eine Lehre sein.

So wie ein Auto über einen Spiegel verfügt, um hinter sich zu
schauen, soll uns der Spiegel daran erinnern, dass ein
Völkermord stattgefunden hat und wir die Geschichte nicht
löschen können.

Aber wir müssen uns auf die Zukunft konzentrieren und durch
die Scheibe nach vorne sehen. Da liegt unsere Chance.

Danksagung

Viele Menschen haben mir geholfen, in welcher Situation auch immer ich mich befand. Ohne sie wäre ich heute nicht der Mensch, der ich bin.

Ich danke deshalb Beate Fritz-Rudorf von der Beratungsstelle der Stadt Lörrach. Ohne sie hätte ich mich hier in Deutschland allein nicht zurecht-gefunden. Sie und ihre Kollegen haben dazu beigetragen, meinen Traum zu verwirklichen.

Viel Kraft gab mir auch meine Therapeutin in Konstanz, Eva Barnewitz, mit deren Hilfe es mir möglich war, an meine Erinnerungen heranzukommen und mich ihnen zu stellen.

Meine Therapeutin war es auch, die zu mir sagte: „Du brauchst keine Therapie, du bist ok, du brauchst jemanden, der deine Geschichte aufschreibt." Ich bin deshalb froh, Claudia Puszkar gefunden zu haben, die meine Geschichte aufschrieb.

Ich danke Munderere Viateur, Mugorewindinda Godberthe, Moise Nsengiyumva, Diandra Niyomahoro, Victor Nshuti, Denise Umutoni und Suzanne Nyinawandoli, die mir die Erlaubnis gegeben haben, die noch vorhandenen Fotos zu verwenden und ihre Geschichte zu erzählen. Denn wir sind alle Überlebende dieser schlimmen Ereignisse, die unsere Familien und ganz Ruanda getroffen haben.

Interview über das Buch, Valens Kabarari, August 2021

Judence stellt sich den Fragen im Interview

Claudia Puszkar und Judence bei der Buchlesung

Judence schreibt Widmungen bei der Signierstunde

Kwibuka 28 in Genf bei den Vereinten Nationen, April 2022

Erster Eindruck des Saals

Buchlesung mit Unterstützung von César Murangira, Ibuka Schweiz